초 판 1쇄 발행 2014년 9월 15일
초 판 2쇄 발행 2017년 2월 17일

지은이 | 전미옥

펴낸이 | 김명숙
펴낸곳 | 나무발전소
디자인 | 이명재
교 정 | 정경임

등 록 | 2009년 5월 8일(제313-2009-98호)
주 소 | 서울시 마포구 합정동 358-3 서정빌딩 7층
이메일 | tpowerstation@hanmail.net
전 화 | 02)333-1962, 1967
팩 스 | 02)333-1961

ISBN 979-11-951640-5-9   13320

* 이 책은 한국출판문화산업진흥원의 출판지원사업의 지원을 받아 발행되었습니다.
* 책값은 뒤표지에 있습니다.

차별화된 비즈니스 글쓰기의 첫걸음

스토리 라이팅
Story Writing

전미옥 지음

프롤로그

이야기로 독자의 감성을 조준하라

"내가 이 인간을 그냥…."

K는 어젯밤 12시 30분쯤 휴대폰이 요란하게 울리고 난 후의 일을 되새기니 분노가 치민다. 이 시간에 무슨 일인데 전화인가 하며 봤더니 회사 전화번호다. 뭔가 불길한 마음이 들었지만 안 받을 수가 없었다. 전화기 너머에서 들려오는 소리는 뜻밖에도 다른 부서의 선배 목소리다. 선배는 대뜸 화부터 낸다. 밤새워 일을 하다가 K의 보고서를 보고 짜증이 나서 전화했다는 것이다. 그리고 3분간 선배는 세상에 있는 모든 잔인한 수식어를 동원하여 K를 빈정거렸다. "너, 보고서 이 따위로 쓸래?" 선배는 무례하고 거칠기 짝이 없는 이런 말을 남기고 전화를 끊었다.

아무리 생각해도 그 선배는 전화를 잘못한 것 같았다. 이럴 수는 없었다. K는 다짜고짜 한밤중에 전화를 걸어 짜증을 받아줄 정도로 그 선배와 친분은 없다. 업무상의 잘잘못을 떠나서 이건 예의 문제라는 생각에 이르자 밤새 깊은 잠도 못 들고 분노를 삭여야 했다. 긴 보고서를 싫어 한다고 해서 간단명료하게 A4 반 장 분량으로 나름대로 최선을 다해 작성했는데, 아닌 밤중에 홍두깨라고 선잠에서 깬 K는 황당하기 짝이 없었다.

글쓰기는 직장인 K로 대변되는 모든 직장인의 고민이다. 이 책을 펼쳐든 당신은 "최하위 직급에서 한 단계 오른 직장인은 말과 글을 통해 다른 사람과 소통하는 능력에 따라 평가된다."라고 말한 피터 드러커 Peter Ferdinand Drucker의 명언이 피부에 확 와닿을 것이다. 그래도 말은 어찌어찌 해낼 수 있을 것 같다. 그런데 평소 아무 생각 없이 사는 건 아닌데 우린 그 생각을 글로 쓰라고 하면 모두 얼어버린다. 첫 줄도 못 쓰고 그냥 명치끝이 콱 막힌다는 사람들도 있다.

내 생각은 내 안에 있는데 왜 그걸 잡아 쓰는 일이 이렇게 어려울까? 아, 뭐 쓸 수는 있다. 그런데 한두 줄이면 끝난다는 데 고민이 있다. 다섯 줄 넘기기가 힘들다. 이것이 많은 사람들이 공감하는 우리의 글쓰기 능력의 현주소다.

그래서 한 번에 140자 이내로 쓰는 것이 허락되는 트위터가 인기일 수도 있다. 여러 개로 나누어 얼마든지 길게 글을 쓸 수 있겠지만, 일단 한 번에 140자의 단문으로 제한한 것은 글쓰기에 대한 공포를 가

프롤로그

진 사람에게도 만만하게 다가오는 최고의 매력이다. 경쟁자인 페이스북보다 더 많은 이용자를 보유하고 있는 까닭도 이 매력 덕분이라고 설명할 수 있을 것이다. "맞아. 뭐 그렇게 긴 말이 필요하다고… 중요한 건 한두 줄이야."

하지만 한두 줄로 다 이야기할 수 있는 것도 있다. 무엇보다 우리가 실생활에서 써야 하는 글들은 일정 분량을 요구한다. 아무리 적어도 A4 용지 한 장 분량은 채워야 한다. 그런데 그 A4 한 장이 4절지 도화지만큼 커 보이는 착시의 시간을 견디기가 힘들다. 쥐어짜고 쥐어짜도 다섯 줄 한 단락을 넘기기가 힘들다는 하소연을 하는데, 내 안에서 나올 것이 없을 땐 밖에서 찾아야 한다.

세상 도처에 널려 있는 이야기의 사냥꾼이 되는 것이다. 지금 내가 하고 싶은 이야기를 더 재미있게 전하는 데 도움을 주는 이야기, 내가 주장하는 것을 더 설득력 있게 전달해 줄 성공 사례, 밋밋하고 건조한 내용을 촉촉하고 감성적으로 전달할 수 있는 이야기들을 찾아 모으는 것이다.

왜 이야기를 찾아 나서야 할까? 지금은 모든 일이 사람의 마음을 움직여야 무엇이든 잘되는 시대이기 때문이다. 내가 쓴 글이 사람의 마음을 움직이고 영향력을 발휘하거나 마음을 움직인다는 것은 그 사람의 감성을 자극해야 일어날 수 있는 일이다. 감성을 자극하는 가장 효과적인 방법은 바로 '이야기'다. 같은 내용이라도 이야기를 입히면 감성이 자극되면 공감이 일어난다.

  수많은 이야기들은 공감의 형태로 소통되고, 상품에 입혀지고 글에 녹아든다. 이야기가 곧 광고요 마케팅이며, 기업 브랜드가 되는 시대라는 것을 알고 있기에 상품 정보보다 상품의 가치를 높여줄 스토리 발굴에 고심한다. 실패와 도전의 스토리라면 더욱 좋다. 스토리 안의 갈등과 실패, 역경과 도전은 이야기를 더 가치 있게 만들어주기 때문이다.

  개개인이 스토리를 활용하는 방식도 마찬가지다. 나를 홍보하는 자기소개서, 한 장의 기획서를 잘 쓰려면 이처럼 스토리 발굴이 필요하다. 딱딱하고 건조한 스타일에서 벗어나 말랑말랑하고 촉촉한 감성을 가진 이야기로 풀어가는 방식의 글쓰기는 최종 독자의 마음에 공감을 불러일으키고 설득력을 높이며 가치를 드높인다.

  이 책은 스토리텔링을 글 속에서 펼치는 스토리 라이팅에 대해 다루고 있다. 글은 무조건 자기 생각으로 꽉 채워야 한다는 고정관념에서 벗어나 수많은 세상의 이야기를 담아보자. 글쓰기가 한층 수월해지고 글의 내용은 더욱 풍성해지는 즐거운 경험을 독자들이 할 수 있다면 이 책은 역할을 다하는 것이다.

스토리 라이터, 전미옥 씀

차례

프롤로그 이야기로 독자의 감성을 조준하라 • 4

1장 / 메시지가 빛나는 스토리 라이팅

이야기 좋아하면 가난해진다? • 12
스토리의 힘을 경험하라 • 22
내 안의 스토리 DNA, 풀어내기만 하면 된다 • 28
스토리를 입말로 전하는 재미를 들이자 • 35
이야기 고수는 자기가 먼저 즐겁다 • 43

2장 / 천일야화의 재료를 찾아서

모으고 빌리고 훔쳐라 : 미담, 사례, 예화, 각종 에피소드 • 52
그 모든 기록은 위대한 스토리다 : 일기, 플래너, 블로그, 메모 • 60
스토리의 영원한 보고를 탐험하라 : 문학과 역사, 예술에서 스토리 찾기 • 68
꼭 사실일 필요는 없다 : 연상과 상상, 그리고 공상 • 72
사람은 누구나 스토리를 품고 있다 : 취재와 인터뷰 • 79

3장 / 비즈니스 문서의 스토리 라이팅 5가지 미션

미션 ❶ 꿈꾸는 집을 상상하라 • 92
미션 ❷ 수다로 설계도를 그리자 • 100

미션 ❸ 완성된 집을 시뮬레이션하라 • 107
미션 ❹ 자재를 구하라 • 111
미션 ❺ 기둥을 세우고 지붕을 얹고 살을 붙여라 • 114

4장 / 소소하게 도전하는 실전 스토리 라이팅

내가 가장 잘 아는 이야기부터 쓴다 • 128
스토리의 씨앗 : 생활밀착형 글쓰기 • 148
스피치 라이팅으로 말하기에 자신감 찾기 • 159
주고받는 글쓰기 : 메일과 SNS • 171
신선한 연대기가 필요한 자기소개서 • 180

5장 / 스토리로 설득하는 차별화된 비즈니스 문서

기획서는 연애편지 같으면 안 될까 • 190
눈과 귀를 모으는 프레젠테이션 원고 쓰기 • 202
스토리를 활용한 기획서 · 보고서 · 제안서 쓰기 • 213
스토리를 이용한 홍보문 · 보도문 쓰기 • 222
스토리 라이팅을 위한 스토리 마케팅 배우기 • 228

에필로그 이야기, 주인공은 있지만 주인이 없다! • 246

1장 메시지가 빛나는 스토리 라이팅

이야기 좋아하면
가난해진다?

요즘은 잠자기 전에 아이들에게 책 읽어주는 부모가 많다. 성실하게 꼬박꼬박 잘 읽어주는 부모도 많이 피곤한 날에는 서너 권씩 들고 오는 아이들이 부담스럽다. 하지만 옛날 부모보다 그건 쉬운 일이다. 책에 있는 대로 읽어주면 그만이다. 예전에 책이 많지 않을 땐 엄마는 아이들 성화에 못 이겨 엄마가 알고 있는, 혹은 엄마가 지어낸 옛날이야기를 들려주어야 했다.

엄마의 옛날이야기를 들으면 이불 위에서 사르르 잠이 잘 들 것 같지만, 그건 천만의 말씀이다. 아이들 눈동자는 더 말똥말똥해지고 귀는 더 쫑긋해진다. 엄마는 피곤해서 아이들 옆에 쓰러져 누우며 "이제 그만. 내일 또 해줄게." 하지만 아이들은 이미 이야기에 푹 빠져 있다. 잠이 들기는커녕 재미나서 잠이 다 달아나버렸는데 달랑 이야기 하나만 듣고 잘 턱이 없다. "엄마 하나만 더, 응? 딱 하나만." 하며 애걸하면 엄마가 했던 말. "안 돼! 이야기 너무 좋아하면 가난해져. 빨랑 자! 눈 감아! 샛눈 뜨면 내일 더 재미있는 얘기 안 해준다." 그제야 매일 잠들기 전 '의식'은 억지로 끝난다.

부와 사랑을 쟁취한 마성의 마우스

'이야기 좋아하면 가난해진다'는 옛말이 있는데, 이를 뒷받침하는 또 하나의 재미있는 이야기가 있다. 어차피 이야기에 관한 것인데 좀 길다고 자꾸 건너뛰면 재미없으니 한번 옮겨본다.

> 옛날에 옛날이야기를 무척 좋아하는 부자가 살았다. 어찌나 이야기를 좋아했는지 이 집의 사랑채에는 전국 방방곡곡에서 이야기꾼들이 모여들었다. 하루 한 가지씩 주인에게 옛날이야기를 해주면 밥과 잠자리는 모두 공짜로 제공되었다. 어느 날 이들의 이야기가 지겨워진 부자는 집안에 있던 이야기꾼들을 다 내쫓은 뒤 대문에다 이렇게 써붙였다.
> '누구든지 옛날이야기를 잘하는 사람에게는 내 딸과 함께 돈 천 냥을 상금으로 주겠음. 조건은 세상에서 제일 긴 이야기 하나와 거짓 이야기 하나를 해야 함.'
> 많은 사람들이 부자의 사위가 되겠다는 꿈을 안고 그 집을 찾아

갔지만 번번이 퇴짜! 그 누구도 부자가 내세운 두 가지 조건을 만족시키지 못했다. 이 소문은 돈이 없어서 서른이 넘도록 장가를 못 간 이웃 마을 노총각 미스터 리의 귀에도 들어갔다.

"이건 하늘이 내게 준 기회야."

"그래. 자네라면 꼭 해낼 거야."

주변에서도 막 부추기니까 하늘을 찌를 듯한 자신감을 갖고 미스터 리는 그 길로 부자를 찾아갔다. 부자는 눈도 안 마주치고 이야기부터 시작하라고 했다. 이 양반, 사실은 실컷 이야기를 듣고는 트집을 잡아서 딱지를 놓을 심산이다.

"먼저, 세상에서 제일 긴 이야기부터 하겠습니다."

미스터 리가 마성의 마우스를 열었다.

"옛날 어느 마을에 수천만 마리의 쥐가 살고 있었습니다. 그런데 그만 이 마을에 지진이 일어났지요. 그러자 쥐들이 지진을 피해 달아나다가 강을 만났어요. 강만 건너면 저쪽 마을은 괜찮을 것 같았거든요. 쥐들은 그 강을 건너기로 했지요. 맨 처음 용감한 쥐 한 마리가 강으로 풍덩 뛰어들었습니다. 다시 또 그 뒤를 이어서 쥐 한 마리가 뛰어들었지요. 또 쥐 한 마리가 그 뒤를 이어서…."

이렇게 한참을 쥐가 꼬리에 꼬리를 물고 강을 건너는 이야기만 하자 부자가 소리를 꽥 지르며 손사래를 쳤다.

"그만! 됐고. 그래서 그 다음, 그 다음 이야기를 해보게."

"안 됩니다. 아직 백 마리도 안 건넜는걸요. 남은 쥐들이 무사히 모두 강을 건너야 다음 이야기를 할 수 있습니다."
"그렇다면 도대체 얼마 동안이나 쥐가 강물에 뛰어들어야 한다는 거야?"
"글쎄요. 한 십 년 걸리지 않겠습니까? 쥐가 워낙 많거든요."
미스터 리의 말에 부자는 그만 항복하고 말았다.
"알겠네. 그럼 이제 거짓 이야기를 해보게."
그러자 미스터 리는 기다렸다는 듯이 품안에서 때에 찌든 문서 하나를 꺼냈다.
"그건 무엇인가?"
"이것은 저희 아버님께서 돌아가시기 전 제게 남기신 차용 증서입니다. 어르신께서 젊으셨을 때 저희 아버님께 오천 냥을 빌려 가시면서 적어주신 거라고 하더군요."
"뭐? 그게 무슨 말이야?"
너무나 엉뚱한 소리에 부자는 기가 막혔다.
"끝까지 잘 들어보십시오. 어르신, 만일 제 이야기가 거짓이라고 말씀하신다면 제게 돈 천냥과 따님을 주셔야 하고, 이것을 그대로 인정하시면 제게 오천 냥을 주셔야 하니 잘 생각하셔서 말씀하십시오."
정말 기가 찰 노릇이었지만 이럴 수도 저럴 수도 없었다.
"아이구, 알았네 알았어! 내 딸 데려가게."
그래서 미스터 리는 부자의 사위가 되었고 돈도 받았다. 옛날이야기를 좋아하던 부자는 결국 가난해지고 말았다.

옛날이야기로 돈을 다 탕진한 이 부자 이야기는 이야기에 빠져서 하라는 공부나 일을 못 하게 될까봐 지어낸 이야기다. 굳이 아주 짧지도 않은 이 이야기를 옮겨본 건 가독성을 시험해 보기 위해서다. 한 장 정도 분량의 글이 옛날이야기니 망정이지 제품설명서라면 이렇게 술술 읽을 수 있을까? 아마 성질 급한 사람은 조금 읽다가 내팽개칠지도 모른다. "에이 됐어. 그냥 이것저것 눌러보면 되겠지. 누가 이런 거 다 읽고 사용해? 그냥 해보면 알아. 이건 설명서가 더 어려워!" 이 이야기가 더 길었어도 설명서보다 더 빨리 더 흥미진진하게 읽혔을 것이다.

이 이야기란 게 얼마나 마력이 있는지 조상님들도 이미 경험에서 알고 계셨다. 이거 시작하면 날 샌다, 이거 시작하면 밭도 못 간다, 이거 시작하면 김도 못 맨다, 이거 시작하면 공부하긴 틀렸다. 당신들이 날도 새보고 밭도 못 갈고 김도 못 매봤고 공부도 못 해봤기 때문에 이런 이야기를 만든 건데, 그거 설득하느라 또 이런 이야기를 만들었으니 암튼 못 말린다. 그거 듣느라 우린 잠시 일손을 놓아야 하니 말이다.

근데 조상님들이 하나 놓치신 게 있다. 가난해진 부자만 강조했지 달랑 이야기 두 개 잘해서 장가도 들고 부자가 된 '미스터 리'는 왜 생각 안 하실까? '이야기 좋아하면 가난해진다'를 '이야기만 잘 만들어도 억만장자 된다'로 바꿔야 하는 시대가 되었다. 이야기 좋아하는 사람의 본성을 파고들면 사람들이 기꺼이 그 이야기에 돈을 지불하기 때문이다.

멋진 이야기를 가진 사람이 무조건 뜬다

월트디즈니에서 만든 애니메이션 〈겨울왕국〉을 보자. 우리나라에서 애니메이션 역사상 처음으로 천만 관객을 모았다. 한국에서만 천억 가까운 매출을 올렸다고 한다. 미국의 박스오피스 집계 사이트에 따르면, 〈겨울왕국〉은 전세계 52개국에서 개봉하여 우리 돈으로 조 단위의 수입을 벌어들였다. '억' 소리도 옛말이다. 그야말로 만화가 만화가게 만화책이 아닌 황금알을 낳는 엄청난 산업이 되었다.

신일숙의 만화 〈리니지〉는 게임으로 만들어져 전세계에 선풍을 일으켰다. 또 한국 영화 〈은밀하게 위대하게〉도 본래 웹툰이 원작이다. 두 시간 안에 긴 스토리를 다 담아야 하는 영화적 한계 때문에 짜임이 헐렁해졌다는 평가도 받지만, 어쨌든 풋풋한 배우들이 출연하여 단점을 가리고 흥행에선 크게 성공했다. 이 영화 덕분에 영화제작자나 감독들은 새로운 웹툰의 탄생에 예민한 촉을 곤두세우고 있다. 웹툰이 속속 영화로 제작될 모양이다.

이처럼 세상은 이야기에 목말라 한다. 재미있는 이야기가 있으면 가만히 두질 않는다. 세계 영화의 중심으로 경쟁상대가 없을 것 같았던 할리우드도 '스토리' 기근에 시달리는 모양새다. 스토리 확보를 위해 세계 구석구석을 뒤지고 다니다가 흥행에 성공한 우리나라 영화 리메이크 판권을 사는 경우도 많다. 〈엽기적인 그녀〉부터 비교적 근래에 제작된 〈올드보이〉까지 미국에서 리메이크된 영화는 적지 않다.

할리우드가 우리 영화를 리메이크하다니 세상 참 많이 달라졌다. 〈스크린〉이란 잡지에 나온 아카데미 시상식 소식에 열광하고 작품상, 남녀주연상을 받은 영화가 수입·개봉되기를 손꼽아 기다리던 올드 팬들은 지금의 현상이 처음엔 믿기지 않아 어안이 벙벙하다. 그리 잘 나가던 할리우드가? 왜? 일찍이 영화산업이 발달해서일까? 이제는 마치 스토리 빈국처럼 보인다.

생각해 보면 할리우드 문제만이 아니다. 창작은 한계가 없는 무한대인 것 같지만, 따지고 보면 100% 새로운 창작품이란 없다. 가요계에 표절 시비가 자주 생기고 신곡이라 해도 노래가 비슷비슷하게 들리는 것도 그 때문이다. 나올 만한 주 멜로디는 거의 다 나왔다고 보는 것이다.

스토리도 예외가 아니다. 사람의 마음을 흔드는 스토리는 이미 충분히 나왔다. 굵직하게 생각해서 이제까지 인류의 삶과 역사에서 생산된 문학, 영화, 드라마만 해도 얼마나 많은가? 스토리의 원형이라 할 수 있는 성경, 신화, 전설부터 이 지구상에 존재하지 않는 우주와

외계를 다룬 스토리까지 무수하다. 인간의 스토리 생산 열정은 참 대단하다. 더 대단한 건 사람은 지금도 이야기를 만들어내는 일을 멈추지 않는다는 점이다.

기본적으로 이야기꾼인 작가, 즉 소설가들은 작품이 나오자마자 혹은 나오기도 전에 거액의 영화 판권 계약을 맺는다. 젊은 작가를 중심으로 말하면 김려령 작가는 〈완득이〉에 이어 〈우아한 거짓말〉까지 소설 두 편이 영화화되었다. 또 〈7년의 밤〉의 소설가 정유정도 스토리에 목마른 영화계가 눈독들이는 작가다. 여성작가로는 드물게 굵직한 서사와 역동적인 캐릭터, 쉽게 상상할 수 없는 구성과 결말이 매력적이기 때문이다. 잠재적으로 영화관객이 될 독자들도 꼭 영화화됐으면 하고 손꼽는 작품들이 많다. 당연히 영화 판권을 확보하려는 영화사의 경쟁이 치열하다.

이제 이야기는 곧 돈이다. 〈겨울왕국〉을 26번이나 봤다는 어떤 사람의 영화표 인증샷을 보듯 이야기를 소비만 해서는 지갑이 얇아질 수 있다. 이야기 좋아하면 가난해진다는 조상님들 말씀이 일견 맞는 상황이다. 하지만 이야기를 생산하는 쪽, 이미 있는 이야기를 잘 가공해서 잘 써먹는 쪽은 부자가 될 수 있다.

덴마크 출신의 세계적인 미래학자 롤프 옌센Rolf Jensen은 일찌감치 그의 저서 〈드림 소사이어티Dream Society〉에서 "정보사회의 태양은 지

정보사회의 태양은 지고 '이야기'가 중심이 되는
드림 소사이어티가 곧 온다. - 덴마크의 미래학자 롤프 옌센

고 '이야기'가 중심이 되는 드림 소사이어티가 곧 온다."고 말했다. 미래는 콘텐츠 전쟁이라는 것이다. 인터넷을 통해 정보 독점이 불가능해진 네트워크 사회의 부자는 '정보를 많이 가지고 있는 사람'이 아니라 '멋진 이야기를 가지고 있는 사람'이다. 이들이 돈을 벌고 시장을 지배한다는 말이다. 이미 그의 예상은 현실에서 적중하고 있다. 좋은 이야기를 가진 사람이 부자이고 그 스토리를 이용해 이리 반죽하고 저리 반죽해서 뭔가 다른 걸 만들 수 있는 사람이 능력자인 시대다.

스토리의 힘을
경험하라

　　　　　　　　　로마의 유명한 관광지 '진실의 입'엔 거짓말을 한 사람이 손을 넣으면 손이 잘린다는 전설이 있다. 영화 〈로마의 휴일〉에서는 '진실의 입'에 손을 넣은 신문기자 브래들리가 손이 잘렸다는 듯 장난을 쳐서 앤 공주를 깜짝 놀라게 하는 장면이 나온다. 가슴 두근거리게 하는 이 알콩달콩한 에피소드 한 장면으로 '진실의 입'은 무서운 이야기에서 사랑스러운 이야기를 가진 관광지로 변신한다. '진실에 입'에 손을 넣으면 장난칠 연인이라도 곁에 있으면 더 좋을 관광지가 되었다.

이야기가 머문 장소에 마음도 머문다

남이섬은 드라마의 한류 바람을 일으킨 〈겨울연가〉 촬영지다. 준상과 유진이 아름다운 에피소드를 만든 남이섬은 일본 팬의 성지가 되다시피 했다. 드라마 촬영지나 세트장이 중요한 관광지로 부상하기 시작한 건 이 〈겨울연가〉부터다. 〈올인〉을 촬영했던 제주의 섭지코지도 드라마 촬영 이후 정말 많은 사람이 찾았다.

인기 드라마 한 편이 끝나고 '촬영장소' 혹은 '장소협찬'이라고 뜨는 곳은 여지없이 인파가 몰린다. 짧게 한두 장면 찍고 특별히 광고도 안 했는데 사람들은 귀신같이 알고 찾아간다. 아름답고 멋진 통영 여행은 조금 뒷전, 통영은 그냥 〈별에서 온 그대〉 주인공 커플이 초능력으로 순간 이동한 '장사도'로 향하는 선착장일 뿐, 여행객의 발걸음은 바쁘다.

스토리는 비단 영화, 드라마, 만화, 게임과 같은 문화 콘텐츠뿐만 아니라 어떤 영역에서도 그 힘을 자랑한다. 파급력이 있고 영향력이 있다. 기업이나 제품, 서비스는 물론 관광상품도 스토리를 입히면 눈길을 사로잡는다. 이제는 너무 많이 들어서 귀에 딱지가 앉을 정도인 '스토리텔링'이 바로 그것이다.

남이섬은 한때 몰락한 유원지였지만 새로운 스토리텔링 작업으로 화려하게 부활한 대표적인 관광지다. 2006년 남이섬 자체를 아예 독립공화국으로 스토리텔링했다. 남이섬 입구에는 다른 나라에 들어가는 것처럼 여권을 발급해 주고 국가 상징물이 걸려 있고 관광청이 손님을 맞는다. 동화와 판타지 세상으로 들어가는 듯하다. 레스토랑이나 숙박시설, 즐길거리에 대해서도 하나하나 정성스럽게 테마를 갖고 스토리텔링했다. 남이섬에 가면 다른 나라에 온 것처럼 누구라도 며칠 쉬다 오고 싶게 이국적인 느낌이든다.

이야기가 머문 장소는 단순한 여행지가 아니다. 사람들은 등장인물들이 웃고 걷고 먹고 대화하는 장면을 떠올리며 추억한다. 잠시라도 그 안에 잠겨보면서 내가 잠시 그들이 되어보는 행복감을 맛보는 것이 하이라이트다. 그냥 드라마를 보고 마는 것이 아니라 그 스토리가 스친 그 어떤 것도 '꽃이 되는' 의미가 있다. 발빠르게 상품화하는 데 눈살을 찌푸리는 사람도 있지만, 소비하는 사람이 줄 서 있으니 상품으로 둔갑하는 건 순간이다.

그래서 지자체마다 드라마 제작에 아낌없이 지원하고 당당하게 광고한다. 여행객을 끌어들이는 데 문화재나 자연경관보다 영화나 드라마 촬영지가 훨씬 효과적이다. 주객이 전도된 것 같은 이 여행 트렌드는 이야기에 끌리는 사람들의 본능이 자연스럽게 만들어낸 현상이다.

스토리텔링 마케팅은 말 그대로 상품에 이야기를 곁들여 소비자들의 마음을 움직이는 방법이다. 소비자는 상품의 쓸모보다는 이야기가 담긴 제품과 서비스가 마음에 들면 사고 싶은 욕구가 확 높아진다. 그 상품이 가져다줄 것만 같은 스타일과 꿈을 갖고 싶어 한다. '기술과 기능을 강조하기보다 이런 집에 살고 이런 상품을 구입하면 당신의 삶이 이러이러한 차원으로 업그레이드된다.'는 유혹이다. 그 안에 여성들의 워너비 스타 김남주나 이영애 같은 연예인들이 움직여주면 더 바랄 게 없다. 저기 살면 내가 꼭 저런 사람이 될 것 같은 착각에서 5초 후면 빠져나올지라도 그 달콤하고 안락한 이미지는 참 강렬하다.

한때 '이영애의 하루'라는 유머가 유행한 적이 있다. 톱스타 이영애 씨가 출연하는 광고를 모두 모으면 그녀의 일상이 된다는 우스갯소리였다. 이영애 씨는 당시 비누와 샴푸, 화장품, 정수기, 카드, 냉장고, 휴대폰 등 일상 속 대부분의 브랜드 광고를 싹쓸이했다. 톱스타를 내세운 스타마케팅 때문에 유명연예인 몸값은 하늘 높은 줄 모르고 올랐고, 그 부담은 고스란히 상품을 사는 소비자에게 떠넘겨졌다.

품질과 가격만으로 소비자를 설득시키는 시대는 지났다

스타의 몸값을 수직 상승시킨 일등공신은 건설업계다. 이영애, 고소영, 김남주, 김태희 등이 광고 모델로 출연하면서 아파트 광고에 출연하지 못하면 톱스타가 아니라는 공식이 생겼을 정도다. 하지만 언제부터인가 아파트 광고에서 톱스타를 쓰지 않았다. 누군가 먼저 시작하면 된다. 대림 e-편한 세상이 시작했다. '주차장을 10cm 늘렸다'는 소비자를 향한 배려를 담은 진심 광고를 시작으로 2011년에는 소비자를 향한 공모전에서 자신이 살고 싶은 집에 필요한 것이 무엇인지 고민해 6,900가지의 아이디어를 얻었다.

이 아이디어를 가지고 대림산업은 풍부하게 광고를 변주했다. 모델의 몸값에 비용을 쓰기보다 부지런한 직원들이 발로 뛴 덕분에 보통 사람들의 이야기에 귀를 기울여 광고를 만든 후 큰 호평을 받았다. 보통 사람들을 모델로 쓰며 실제 소비자들이 궁금한 정보를 제공하는 광고는 현실적이고 진정성이 엿보인다. 모델이 사는 '그림 같은 집' 대신에 내가 만들어가고 내가 살 '집 같은 집'으로 스토리텔링한 덕분이다.

요즘은 아파트의 특성상 설계나 인테리어 등 특별히 자기만의 특색을 나타내기 어려운데, 명당이나 풍수지리는 물론 옛날이야기까지 아파트를 효과적으로 알릴 수 있는 소재라면 모두 스토리텔링 재료로 쓰고 있다. '지하철 역 도보 10분', '강남 8학군 부럽지 않은 신 교육 벨트', '살고 싶은 내 아파트를 찾았다' 식의 아파트 분양 광고와는 비교할 바가 못 된다. 이렇게 직설적이어서는 그저 덤덤하거나 피식 웃거나 둘 중 하나다. '마음을 여는 그 무엇'이, 즉 스토리텔링이 없기 때문이다. 집이 필요한 사람의 눈과 마음에 드는 '들어가 살고 싶은 집' 이야기가 없으니 마음이 움직일 리 없다.

이제 초등학교 수학 교과서도 스토리텔링을 접목시킨다. 숫자를 말로 풀어쓰는 일이 어떤 효과를 가져올지 모르지만, 적어도 따뜻한 감성이 메말라 있는 현대인에게 스토리텔링 교과서는 감성을 충만하게 하고 그때만큼은 순하고 착하게 만들 것이다. 사람이 아무리 냉철하고 이성적이고 논리적이어도 결국 보이지 않게 마음이 한 뼘씩 움직이는 건 감성 때문이다. 품질과 가격만으로는 다가갈 수 없는 시대에 스토리텔링은 가장 현명하고 가장 수월하고 가장 확실한 방법이다.

내 안의 스토리 DNA, 풀어내기만 하면 된다

우리는 수많은 이야기에 둘러싸여 살아간다. 어린 시절에는 할머니나 어머니에게 '심청전'과 같은 전래동화나 '이솝이야기' 같은 서양 동화를 들으며 자랐다. 성장한 후에는 기업에 대한 이런저런 이야기, 브랜드에 대한 기발한 광고 이야기, 정치인들의 숨겨진 이야기, 연예인에 대해 떠도는 소문 등 수많은 이야기가 우리를 둘러싸고 있다. 사람들은 어떤 내용이든 이야기에 관심을 기울인다. 다음은 많이 알려진 대로 현대그룹 창업자 고 정주영 회장이 현대조선소를 짓기 위해 돈을 빌리러 영국에 갔을 때의 일화다.

- 조선소를 짓고 싶습니다. 돈을 빌려 주십시오.
- 돈을 빌려 주는 건 문제가 아닌데, 어떻게 한국 같은 나라에서 배 만들기

가 가능하겠습니까. 어렵습니다.
- 아닙니다. 저희는 할 수 있습니다. 한 번만 기회를 주십시오.
- 죄송합니다. 다른 데서 알아보시지요.
- (주머니에서 오백 원짜리 지폐를 꺼내며) 여기를 봐주십시오. 한국은 이미 세계 최초로 철갑선을 만든 나라입니다. 조선술에서는 어디에도 지지 않습니다. 왜 저희가 못한다고 생각하십니까?

윤색이나 각색은 있을지언정, 의외로 기발한 감성적 언어가 논리를 이기고 있다. 우리의 역량을 이야기하는데 '그냥 잘할 수 있다.'고 말해서는 설득력이 없다. 이미 우리 역사 속에서 훌륭하게 구현된 조선술이 있었는데, 그것을 놓치지 않고 잡아 설득력을 높였다.

"해봤어?" 감성이 논리를 이긴다

현대 경영의 틀을 잡은 쪽은 서양이지만, 서양이 동양, 특히 동북아를 따라오기 힘든 부분이 있다. 그게 바로 스토리텔링이다. 우리나라를 비롯한 중국, 일본은 전문적인 스토리텔링이 일찍이 매우 발달했다. 예를 들면 왕의 잘못을 아뢸 때 신하는 바로 직언을 하기가 조심스럽기 때문에 지난 왕들의 실수나 선행을 넌지시 빗대어 말한다. 만약 왕의 면전에 대고 왕의 과오를 직접 말한다면? 왕은 제 잘못은 생각하지 않고 우선 노여운 감정에 신하의 목부터 벨지 모른다. 하지만 남의 이야기부터 들으면 왕 본인이야 속으로 뜨끔하겠지만 민망함

"한국은 이미 세계 최초로 철갑선을 만든 나라입니다.
조선술에서는 어디에도 지지 않습니다.
왜 저희가 못한다고 생각하십니까?"

– 현대그룹 창업자 고 정주영 회장

은 한결 덜하다. 이마저도 수용하지 못하는 못난 왕은 그래도 신하의 목을 벨 것이다. 하지만 대부분 상식적인 왕들은 그 뜻을 새겨듣고 깨우친다. 이게 무슨 말인지 모르는 왕은 같은 행동을 계속할 것이다.

　동양의 고사故事에 담긴 이야기들은 매우 부드러우면서도 엄청난 위력을 갖고 있다. 전통적으로 이런 문화가 체질화되다 보니 상대의 말을 깊이깊이 새겨듣고 그 이야기 뒤의 의미를 자꾸 되새겨야 하는 어려움이 있지만 단점보다는 장점이 많다. 타임머신을 타고 오늘날로 날아와도 별반 다르지 않다.

　한 임원이 "김 대리는 개인 시간을 참 성실하게 잘 활용하는 것 같아. 토요일 행사엔 매번 못 오네. 동료 결혼식에도 예외가 없군. 우리 땐 상상도 못 할 일인데 말야. 하하…."
　그 말에 엄한 사람이 등에 땀 난다. 같이 결혼식에 불참했던 적이 있는 부장과 차장은 등줄기에 땀이 철철 흘러내린다. 넌지시 우회적으로 하는 출석체크다. 임원은 주말에 동료 결혼식에 꼭 참석하고 회사를 위해 좀더 시간을 쓰라는 말은 단 한마디도 안 했다. 하지만 다음부터 모두 알아서 결혼식에 착착 출석하는 건 당연하다. 적당한 남의 이야기 한마디로 여럿 잡는 효과다.

　돈을 빌려 주려는 사람이 "못 믿겠다. 너희들이 언제 배 만들어봤냐? 배를 잘 만들 수 있는 근거를 대라."고 했을 때 "그냥 잘 만들 수 있다. 믿어 달라." 하는 말밖에 할 수 없다면 상대의 마음을 움직일 수 없다. 그것을 해낼 수 있는 역량을 증명해야 한다. 정주영 회장은 우리 역사에서 이미 해냈던 것을 확인시키면서 상대방을 설득할 수 있었다.

역사의 유구함과 축적된 동양의 고사를 가진 우리는 많은 이야기를 우리 안에 가지고 있다. 1970년대 회장님이나, 1980년대 정치인이나, 1990년대 회사 선배들은 별로 어렵지 않게 구사하던 세련된 은유, 상징, 이야기 풀기가 지금 우리에게는 왜 어려운 것일까?

믿어달라는 말밖에 할말이 없다면? OUT!

요즘 사람들은 시간도 없고 인내심도 적다. 기다려주지 못하고 답답한 걸 참기 힘들어한다. 그래서 결론이 뭔데? 그래서 본론이 뭐야? 말이 조금만 길어진다 싶으면, 글의 서론이 조금 길어진다 싶으면 대뜸 나오는 말이다. 직설화법과 논리가 만연해서인지 에둘러 말하거나 은유적으로 말하는 것을 답답해한다. 그래서 뭐? 뭐라는 소리야? 해버린다.

이 때문에 스토리 라이팅을 고민해야 한다. 사람의 구미를 당기는 재미있는 이야기를 통해 메시지에 집중하게 하고, '설득'과 '공감'을 끄집어내야 한다. 위대한 대통령으로 꼽히는 미국의 에이브러햄 링컨

Abraham Lincoln은 재미있는 이야기를 즐겨한 대통령으로 유명하다. 링컨은 과감한 결단이 필요할 때, 중대한 결정권을 가진 사람을 설득할 때, 큰 위기를 벗어나야 할 때 연설문에서 상황에 맞는 이야기를 곁들이며 문제를 해결했다.

링컨이 취임할 즈음, 미국의 7개 주는 연방에서 탈퇴해 남부연합을 결성하여 상업과 무역의 젖줄인 미시시피강의 대부분을 장악했다. 국민이 하나같이 증오의 감정에 젖어 있을 때 대통령이 되었다. 그런 링컨의 앞날은 산 너머 산이었다. 임기 초기의 관리들은 남부와의 갈등을 피하기 위해, 그들이 요구하는 요새와 각종 시설물을 모두 넘기자고 주장하기 시작했다. 그때 링컨은 관리에게 나무꾼 딸을 욕심내느라 발톱이고 이빨을 몽땅 뽑아버린 사자 이야기를 들려주며 설득했다. 1864년의 대통령 선거에서 재선이 불투명할 때도 강물 한가운데서 말을 갈아타지 않는 일리노이 주 농부 이야기로 사람들의 마음을 샀다. 이 우화로 농부들을 지지자로 끌어들였고, 마침내 선거에서 승리할 수 있었다.

나이가 많든 어리든, 많이 배웠든 못 배웠든, 남자든 여자든 이야기는 모두를 사로잡는다. 그게 스토리 라이팅이 필요한 이유이고 목적이다. 많은 지식과 논리적 설득으로 무장된 글은 무슨 말인지는 금방 알아 '먹는다'. 하지만 그게 어떤 행동으로 이어지긴 힘들다. 너무 딱딱해서 위에서 소화되지 못하는 것과 같다. 지식과 논리로 무장된 글은 머리에는 흡수되지만 마음까지 스며들지 못하기 때문이다. 감성적이거나 서정적인 이야기를 통해 사람 안에 있는 향수나 욕망을 자극하고 공감을 끌어내야 한다. 놀랍거나 강렬한 이야기를 통해 설득해야 한다.

한 일본 작가는 한국 작가가 부럽다고 했다. 고난과 시련이 많았던 역동적인 한국의 역사와 전통, 문화유산이 한국 작가들에게 무한한 글감과 상상력을 제공하고 있다는 것이다. 새롭게 창조하지 않아도 된다. 우리 안에는 우리도 모르는 많은 이야기가 축적되어 있다. 그것을 발굴하고 활용하기만 하면 된다. 이것이 스토리 라이팅이 어렵지 않은 이유다.

스토리를 입말로 전하는
재미를 들이자

　　　　　　　　말이 쉬울까? 글이 쉬울까? 글을 잘 쓴다고 말을 잘하는 건 아니다. 하지만 잘할 가능성이 높다. 글을 쓰기 위해서는 생각하는 단계를 반드시 거쳐야 한다. 글을 잘 쓰는 걸 보면 생각을 많이 하고 정리를 잘하는 사람이라고 짐작할 수 있다. 그 생각을 그대로 말로 옮기면 되기 때문에 말을 잘할 가능성이 크다.

　반대로 말을 잘한다고 글을 잘 쓰는 것도 역시 아니다. 말은 생각을 많이 하지 않고도 쉽게 할 수 있다. 다만 생각을 많이 하고 그야말로 '개념 있는' 말을 하는 사람이라면 조금만 연습해도 좋은 글을 쓸 가능성이 크다.

모든 이야기는 '말'에서 시작한다

글쓰기나 말하기 두 가지 모두 자기표현 방법이지만, 수월하게 느끼는 것은 사람마다 다르다. 글쓰기보다 말하는 것이 더 쉬운 사람이 있고, 말하는 것보다 글 쓰는 게 더 쉬운 사람이 있다. 지금 우리가 하려는 스토리 라이팅은 이야기를 통한 글쓰기다. 그런데 말하는 것보다 글 쓰는 게 더 어렵다고 느껴진다면 우선 조금 더 쉬운 것부터 하면 된다. 스토리를 말로 전달하는 것이다. 재미있는 이야기를 말로 잘 전달하는 연습은 글쓰기에 한층 도움이 된다.

말에 대한 자신감을 기르려면 꼭 필요한 말 말고도 일상에서 생각나는 대로 쉽게 말하는 습관을 갖는다. 이야기하는 사람이 먼저 웃지 말고, 시치미 뚝 떼고 능청스러운 연기를 하는 것도 큰 몫을 한다. 재미있는 이야기를 들으면 이를 자기 방식으로 소화해 기억해 두자. 메모를 해서 적절한 상황에 써먹는 것도 추천한다.

그러나 재미있는 이야기를 잘 전달하려면 주의해야 할 점이 있다. 우선 서론이 너무 길면 안 된다. 결론도 듣기 전에 흥미를 잃어버려 진짜 웃어야 할 대목에서 안 웃긴다.

이야기를 완전히 숙지하고 있어야 하는 것은 물론이다. "아, 뭐더라? 여기가 진짜 재미있는 부분인데…", "아, 좀 적어놨어야 하는데…", "순서를 잊어버렸네. 진짜 재미있는데." 이러면서 이야기의 처음과 끝을 기억하지 못해 횡설수설하고 머뭇거리면 이미 듣는 사람은 김샌다. 머릿속에서 이야기의 처음부터 끝까지를 상상하고 스스로 체험해 보면 잊지 않고 더 실감나게 이야기할 수 있다. 음성이나 말투를 그때그때의 상황에 맞도록 변화를 주며 전달하면 이야기에 훨씬 생동감이 있다.

결론부터 재미있게 말하는 것이 포인트

서로를 잘 모르는 사람들이 만났을 때 가장 쉽게 친해지는 방법은 무엇일까? 유머다. 유머는 긴장을 풀어준다. 유머에는 으레 재미있는 이야기가 있기 마련인데, 이때 가장 부작용 없고 효과적인 이야기가 나에 대한 이야기다. 상대방이 나에 대해 경계와 긴장을 풀게 할 수 있다. 내 이야기를 통해 상대의 공감을 이끌어내면 나에 대한 호감이 커진다.

나에 대한 이야기를 재미있게 할 수 있으려면 자기 스스로 즐겁게 살아야 한다. 자기 일상이 즐겁지 않은데 이야기가 재미있을 리 없다. 자신을 우스갯소리의 소재로 삼는 사람은 유연하고 개방적인 내면을 가지고 있는 사람이다. 내가 재미있게 말하는 재능이 없다거나 잘되지 않는다면 나 스스로 물어보자. '나는 어떤 사람이 은근하게 나에 대한 공격을 할 때, 버럭 화부터 내지 않을 여유와 유연함이 있는가?' 금방 대답하기 쉽지 않은 질문이다. 하지만 분명한 건 공격이나 비난을 무력화하는 것은 화나 분노로 맞받아치는 것이 아니다. 유머러스

하고 재미있는 말에서 풍기는 여유와 유연함이 분노를 무력화한다. 이 부분에서 미국의 링컨 대통령은 타의추종을 불허한다.

링컨이 상원의원 선거에 입후보하여 더글러스 후보와 겨루게 되었을 때였다. 두 사람이 합동 선거유세를 하던 날, 더글러스 후보가 링컨의 과거 경력을 문제삼아 그를 비방하기 시작했다.

"링컨 후보는 그가 전에 경영하던 상점에서 팔아서는 안 될 술을 팔았습니다. 이것은 분명히 법을 어긴 일이고, 이렇게 법을 어긴 사람이 상원의원에 당선된다면 이 나라의 법과 질서를 어떻게 바로잡을 수 있겠습니까? 그러므로 링컨은 상원의원이 되어서는 절대 안 될 사람입니다."

이 말을 들은 청중들은 술렁이기 시작했다. 모두들 이번에는 링컨이 더글러스의 공격에 꼼짝없이 무릎을 꿇겠구나 생각하고 있는데, 링컨은 전혀 당황하지 않고 이렇게 말했다.

"네, 더글러스 후보가 말한 것은 사실입니다. 그러나 제가 그 상점을 경영하던 당시 더글러스 후보는 저희 가게에서 가장 술을 많이 사먹은 최고의 고객이었습니다. 그리고 더 확실한 사실은 저는 이미 술 파는 계산대를 떠난 지가 오래되었지만 더글러스 후보는 여전히 그 상점의 충실한 고객이라는 점입니다."

청중들은 링컨의 재치 있는 답변에 큰 소리로 열광하며 박수를 아끼지 않았다. 얼굴이 벌겋게 달아오른 더글러스는 신속하게 화제를 돌려 다시 링컨을 공격하기 시작했다.

"링컨은 말만 그럴듯하게 하는, 두 얼굴을 가진 이중인격자입니다."
링컨은 이번에도 당황하지 않고 차분한 음성으로 응수했다.

"더글러스 후보가 저를 두고 두 얼굴을 가진 사나이로 몰아세우고 있습니다. 좋습니다! 그의 말이 사실이라면 여러분께서 잘 생각해 보시기 바랍니다. 만일 제가 두 얼굴을 가진 사나이라면, 오늘같이 중요한 날 왜 제가 이렇게 못생긴 얼굴을 가지고 나왔겠습니까?"

사람들은 모두 손뼉을 치며 배꼽을 잡고 웃었다. 이처럼 링컨은 더글러스 후보의 공격에 당황하거나, 대응하지 않고 재미있는 이야기로 청중을 사로잡았다. 오히려 상대의 공격을 되받아쳐서 위기를 기회로 바꾸었다. 덕분에 그곳에 있는 모든 사람을 자기편으로 만든 건 어쩌면 당연한 결과일 것이다.

이런 링컨의 이야기는 남이 조금이라도 자신에 대해 거슬리게 말하거나 지적하면 참지 못하고 그때마다 쏘아붙이는 후배나 동료에게 나중에 슬쩍 들려줄 수 있는 재미있는 예화다. 유머로 상대의 공격을 무력화한 아주 좋은 예이기 때문이다.

"여러분께서 잘 생각해 보시기 바랍니다.
만일 제가 두 얼굴을 가진 사나이라면,
오늘같이 중요한 날 왜 제가 이렇게 못생긴
얼굴을 가지고 나왔겠습니까?" －미국 16대 대통령, 링컨

재미있게 말하듯이 써보라

"야, 너 성질 좀 죽여라. 넌 무슨 후배가 그렇게 한 번도 안 지고 선배한테 바락바락 대드냐? 저 선배 정도면 꽤 착하고 점잖은 거야. 또라이 같은 선배나 상사 만나봐. 인격모독을 밥 먹듯 당해서 아주 배가 부를 거야. 그렇게 네 성질대로 했다간 머지않아 임자 만나 제대로 깨질 거다."

이렇게 직설적으로 말할 수도 있다. 하지만 적당히 술자리나 편안한 사석에서 뜬금없이 재미있는 이야기 하나 해주겠다고 하고 링컨의 두 얼굴 이야기를 해보자. 그러고 나서 이런 이야기로 가볍게 마무리하면 어떨까?

"그래서 얘긴데, 선배가 뭐라 했다고 그렇게 한 번도 안 지고 매번 맞받아치냐. 그 선배 정도면 점잖은 거야. 좀 아양도 떨고 능청도 떨고 '더 잘하겠습니다. 죄송합니다.' 하면 끝나는 사람이야. 조금만 여유를 가지면 좋겠다."

이렇게 말해준다면 한결 마음이 누그러지고 변화된 행동도 볼 수 있지 않을까. 이런 링컨 이야기를 알고 있으면 좋은 이유는 '스토리 라이팅'을 할 때 다시 재활용할 수 있다는 점이다. 자기가 쓰려는 글 속에 이 에피소드의 일부를 적당히 인용하면 한결 설득력 있는 글이 될 수 있다. 그렇게 생각하면 세상에 '스토리' 아닌 것은 없다. 출근하면서 본 어이없는 광경, 점심시간에 식당에서 벌어진 소동, 일주일

하루 칼퇴근 사수를 위해 노력한 일, 이 모든 것이 '스토리'다. 이런 이야기들을 자연스럽게, 되도록 재미있게 재구성해서 친구나 동료에게 말로 들려줘 보자. 모든 이야기는 말에서 시작된다. 말을 재미있게 전달할 수 있으면 글로 옮기는 일은 한층 쉬워진다.

> **재미있는 이야기꾼이 되는 5가지 방법**
>
> **1. 말하는 것에 자신감을 갖는 연습을 하라**
> 꼭 필요한 말이 아니라도 평소 생각나는 대로 쉽게 말하는 습관을 갖는다.
>
> **2. 스스로 이야기를 즐겨라**
> 내가 즐거워야 이야기가 재미있다.
>
> **3. 몸짓을 하며 이야기하라**
> 듣는 사람이 더 쉽게 상상하게 해준다.
>
> **4. 머릿속에서 이야기의 처음과 끝을 경험해 보라**
> 막힘없이 더 실감나는 이야기를 할 수 있다.
>
> **5. 말에 진심을 담아라**
> 음성과 어조를 그때그때 상황이 실제처럼 잘 전달되도록 변화를 준다.

이야기 고수는
자기가 먼저 즐겁다

1990년대 초·중반 유홍준의 〈나의 문화유산답사기〉는 인문서 최초로 밀리언셀러가 되었다. 지금까지 260만 부가량이 팔렸다고 한다. 1권 첫 장 도입부에 있던 '아는 만큼 보인다'라는 문장은 우리 사회의 화두가 되었고, 전국적으로 답사 열풍이 불었다.

요즘엔 드라마 촬영소나 예능 프로그램에서 소개한 장소가 가볼 만한 명소가 되고 있지만, 그때는 〈나의 문화유산답사기〉에 실린 곳은 어디나 사람들이 북적였다. 사람들은 문화재를 처음 보는 사람들마냥 관심을 갖고 공부하고 사랑하기 시작했다.

깨알 같은 재미의 향연 유홍준 식 글쓰기

유홍준 씨는 미술사 전공학자인데, 혼자 보고 좋아하는 게 아까워 학생들과 답사객을 안내하며 워낙 설명을 재미있게 하니 누가 그걸 글로 써보라고 권했다. 긴 글이라도 편집하지 말고 다 실어달라는 조건으로 한 학술지에 글을 쓰기 시작했다. 그런데 계속 쓰지 못할 이유가 생겨 글을 게재했던 매체에 딴 사람을 찾아보라 했단다. 문제는 다른 사람들이 '유홍준 식'으로 글을 못 쓰겠다며 거절했단다. 결국 연재를 펑크 내는 일이 있었는데, 그 사람 글이 안 실리면 잡지 안 보겠다는 사람이 있을 정도로 독자들의 반응이 대단했다.

독자를 사로잡은 '유홍준 식'이 무엇일까? 이것이 260만 부 판매고의 열쇠다. 〈나의 문화유산답사기〉 시리즈를 단 한 권이라도 읽어본 사람은 무슨 말인지 안다. 온통 재미있는 이야기의 향연이다. 문화유산에 얽히고설킨 기쁨과 슬픔의 이야기, 그 문화재 속에 살다 간 사람의 눈물, 웃음, 깊은 정신을 이야기하는 건 기본이다. 여기에 맛난 식당과 여관, 답사 현장에서 만난 사람들 이야기, 먹이인 줄 알고 고려청자를 물었다가 그물에 걸려든 주꾸미 이야기, 마애불을 다녀올 때의 에피소드. 심지어는 절집 개, 여관집 개 등 개 이야기의 재미도 쏠쏠하다. 문화유산 이야기와 더불어 촘촘하게 씨줄과 날줄로 얽힌 답사 주변부 이야기는 지루함이나 고리타분함과는 거리가 멀었다.

문학평론가 백낙청 씨는 "자네의 두뇌 구조는 '학자 반, 연예인 기질 반'이야. 내용은 있는데, 다양한 형식으로 풀어낸단 말이야. 학생, 가정주부, 노인까지 즐겨 읽을 수 있지."라고 말했다고 한다. 특히 서산 마애불편과 안동편은 단편소설의 플롯을 완벽히 갖춘 글이라고 극찬했다.

아직은 없는 듯하다. 어렵고 딱딱하고 진지하기만 했던 인문서적 중 전문성을 놓치지 않으면서도 빨려들게 하는 대중성을 완벽하게 보여준 책. 〈나의 문화유산답사기〉를 뛰어넘는 책은 아직까지 찾기 어렵다. 제목은 그다지 눈길을 잡는 스타일은 아니지만, 첫 권을 읽었을 때의 신선한 충격과 깨알 같은 재미를 쉽게 잊을 독자는 별로 없을 것이다. 이 책은 우리의 문화재에 대한 인식과 태도를 확 바꿔주었다.

문화재에 대한 설명을 쓰는 것이라면 참고서적이나 문헌을 가지고도 할 수 있을지 모른다. 하지만 거의 한 단락 건너마다 펼쳐지는 촘촘하고 깨알 같은 이야기를 펼쳐놓는 일은 문제가 다르다. 유홍준 교수는 '소파에 누워서 볼 수 있는 한국 미술사'를 생각했기 때문에 좀 더 대중적으로 쉽게 풀어쓸 궁리를 많이 했다고 말한다. 유홍준 교수가 이끄는 답사팀에 따라나섰던 적이 있는 사람들은 말한다. "그냥 말이 글이 된 것이구나." 말 역시 아주 재미있는 이야기로 온통 정신을 못 차리게 하는데, 그가 문화재를 앞에 두고 이야기할 때 문화재에 매혹되어 스스로 즐기는 것이 보인다고도 한다.

나만의 이야기를 발견하고 표현하라

이야기 고수의 비결은 어쩌면 간단한 것에서 출발할지 모른다. 이를 테면 힘을 빼고 쉽게 생각하는 것. 이야기를 품고 있는 사람이 자기 스스로 즐거움에 겨워 누군가에게 들려주고 싶어 입이 간지러워야 말도 하고 글도 쓰게 된다.

어릴 때 황당무계하게 이야기를 꾸며서 말하기 좋아하는 친구가 주변에 하나쯤 있다. 말도 안 되게 지어내거나, 그럴싸하고 있을 법하게 이야기를 만들어 깜빡 속이기도 한다. 속은 게 분하고 어이없어서 거짓말쟁이, 쟤 말은 믿을 게 없다고 발끈하기도 했다. 지금 생각하면 "너 소설가 해라. 진짜 이야기도 잘 지어내는데 소설가 하면 딱이겠다." 하며 즉흥적인 격려를 했어도 좋았을 성싶다.

동화나 소설, 극본, 시나리오 같은 서사가 있는 글을 쓰는 이야기꾼들은 이야기를 창조하는 일에 스스로 큰 재미를 느끼지 않으면 할 수 없다. 내가 지어낸 이야기를 남들이 어떻게 들어줄까 기대도 하고 걱정도 하면서 만드는 이야기는 정성이 들어간다. 재미를 느낄 이야기적 장치를 고민하기도 하고, 등장인물에 감정이입이 되어 열정적으로 상상하고 마음으로 겪는다. 다른 책이나 드라마를 통해 힌트를 얻기도 하면서 어디서 본 듯한 장면도 연출하지만, 그래도 그 이야기에 빠져 술술 어렵지 않게 이야기를 엮어간다.

이야기가 재미있으려면 생각을 유연하게 갖고 여유롭게 놔두어야 한다. 쉽게 생각해야 시작도 쉽게 할 수 있다. 힘을 빼고 자신부터 재미있어야 한다. 사람들과 대화를 나눌 때 혹은 누군가 설득하고자 할 때, 가능한 어려운 말이나 유식한 말을 하려고 애쓰는 사람이 있다. 자신감이 없거나 자신의 배경에 대해 부끄러움을 가지고 있거나 내용보다는 형식에 신경 쓰는 사람들이 그러는 편이다. 그래야 상대방이 날 무시하지 않고 대단하게 여길 것이라는 헛된 생각 때문이다. 말을 너무 쉽게 하면 생각도 짧고 진지하지 못한 사람으로 평가받을까봐 두려워한다.

글도 이와 마찬가지다. 남의 글을 읽을 땐 편안하게 공감할 수 있는 글을 잘 썼다고 생각한다. 그러면서 내가 글을 쓸 때 글재주가 없기 때문에 글을 못 쓴다고 생각한다. 특별한 표현력이 발휘되어야 좋은 글이라고 생각하는 고정관념도 자신에게만 적용한다. 그래서 미사여구와 현학적인 수사가 들어간 글에 현혹되어 흉내내려고 한다.

처음과 끝을 머릿속에 그려본다

어떤 글을 쓰든 일단 자신이 가장 잘 아는 이야기에서 시작하는 것이 좋다. 직접이든 간접이든 내가 아는 것, 경험한 것에서 스토리의 처음을 시작한다. 그리고 자신의 깊숙한 곳에서 그 이야기를 통해 스스로 느끼는 가치를 표현하면 된다.

어떤 에피소드나 사례를 들어 글을 시작하는 것이다. 이야기는 누구나 집중하기 쉽고 이해하기 쉽다는 점에 강점이 있다. 사람들의 눈을 떼지 못하게 만드는 재미가 있다. 그래서 많이 배웠든 못 배웠든, 이해가 빠른 사람이든 좀 아둔한 사람이든, 나이가 많든 적든 관계없이 사람의 마음을 두드리고 움직이는 힘이 있다. 구구절절한 설명보다 쉽고 재밌는 우화 하나가 더 마음에 와 닿는다. 상사에게 그냥 이렇게 하면 좋겠다고 말로 설득하기보다 기획서 안에 자기가 기획한 일을 성공적으로 해낸 사례를 찾아 첨부한다면 우회적으로 보이지만 확고한 의사전달이 될 수 있다. 그러면 추상적인 관념을 이해하기 쉽도록 도와주고, 성공사례 첨부는 기획서가 채택될 가능성을 훨씬 높여준다.

내가 이야기를 지어내지 못한다고 해도 걱정할 게 없다. 세상 도처에 그야말로 널린 게 이야기다. 내가 직접 겪지 않아도 가져올 수 있는 이야기는 얼마든지 많다. 그대로 가져와도 되지만, 그 이야기에 내 생각을 넣어 재가공할 수도 있다. 글쓰기가 한결 쉬워지면서 훨씬 풍부한 감성과 설득력 있는 글이 될 것이다.

내가 이야기를 지어내지 못한다고 해도 걱정할 게 없다.
세상 도처에 그야말로 널린 게 이야기다.
직접 겪지 않아도 가져올 수 있는 이야기는 얼마든지 많다.
그대로 가져와도 되지만, 그 이야기에 내 생각을 넣어
재가공할 수도 있다. 글쓰기가 한결 쉬워지면서
훨씬 풍부한 감성과 설득력 있는 글이 될 것이다.

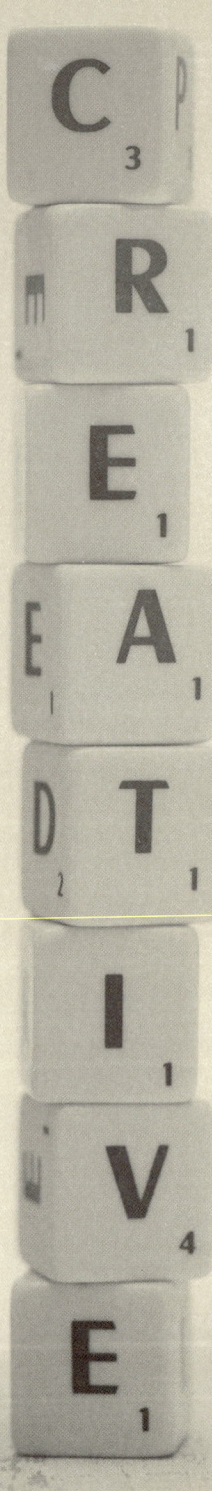

2장 천일야화의 재료를 찾아서

모으고 빌리고 훔쳐라 :
미담, 사례, 예화, 각종 에피소드

글을 쓰기 전에 무엇을 쓸까 하는 고민은 가장 처음부터 어쩌면 끝까지 우리의 가슴을 짓누른다. 이것은 주제, 혹은 테마를 정하는 일인데, 내면에 귀 기울이는 데서 시작한다. 내가 하고 싶은 말은 무엇인가? 평소에 생각을 자주 하던 것, 생각이 많았던 부분들이다. 내가 할 말은 쓸 주제와 연결된다.

그러려면 아는 것도 있어야 하고 주장하는 바를 뒷받침하는 증거도 있어야 한다. 이런 부분이 불충분하거나 잘 모르는 주제에 대해서 글을 써야 한다 해도 겁먹지 말자. 부지런히 자료를 찾고 관련 서적을 읽으면 얼마든지 내용을 풍부하게 할 재료를 찾을 수 있다. 시간과 노력이 필요하지만 좋은 글을 쓰고 싶다면 낭비라고 생각해서는 안 되는 소중한 시간이다. 소수의 선택된 사람들만이 이야기를 잘하는 소질을 갖고 있는 게 아니다. 적당한 시기에 적절한 내용의 이야기를 찾아낼 수 있도록 많은 이야기를 내 안에 품고 있으면 된다. 그것을 잘 전달하려는 노력을 조금만 기울이면 어렵지 않다.

매일 6개 신문을 보고 스크랩하는 재담가 김제동

사실 이야기를 얻을 수 있는 소재는 주변에 무궁무진하다. 중요한 정보 제공자로는 책을 꼽을 수 있지만 아침에 집을 나서기 전 읽었던 조간신문의 미담으로 직장 동료들에게 이야기를 시작할 수도 있다. 들은 것, 본 것, 읽은 것, 경험한 것 등등 대화 시작의 소재로 적합할 경우 메모하고 기억하려고 노력하자. 링컨의 이야기꾼 기질은 저절로 얻은 것이 아님이 분명하다. 어떤 경로를 통해서든 이야기의 소재를 꾸준히 수집했거나 가공했을 것이다. 힐러리 클린턴 Hillary Rodham Clinton 이 탁월하게 연설을 잘하는 이유는 인용문, 속담, 격언, 성경 구절 들을 적은 수첩이 있었다는 것, 그만큼 많은 이야기를 기억하려고 노력하기 때문이다.

평소 스크랩해 두는 것은 좋은 글감을 찾는 좋은 습관이다. 자신이 계속 관심을 가지고 있는 어느 한 분야를 꾸준히 깊이 있게 책을 보고 자료를 찾고 스크랩하다 보면 나중에 정말 책을 쓸 수 있는 역량의 바탕이 될 수 있다. 그밖에 한 주제가 아니라도 좋은 칼럼이나 인상적인 글을 스크랩해도 좋고, 인용하기 좋은 사례나 글 도입부에 쓰기 좋은 에피소드, 관심은 없었지만 한 신문기사로 그 분야에 대한 관심이 생겼을 때 모두 오려두고 붙여두자.

아무리 말을 재미있고 실감나게 구사하는 타고난 재담가라도 이야기의 밑천이 떨어지면 재미가 줄어든다. 방송인 김제동이 6개의 신문을 보고 스크랩하는 데 도가 텄다는 사실은 이미 잘 알려진 사실이다. 이것을 보면 우리가 타고난 능력처럼 생각하는 것도 아주 새로운 건 없다. 이미 있는 것을 찾아내고 발견해서 자신의 것으로 소화하여 재가공한 것이기 때문이다. 누구도 그것에 대해서 뭐라고 하지 않는다.

평소 책과 신문, 잡지를 읽고 영화를 보고 메모한다. 신문은 우리에게 정치에서부터 경제, 사회, 문화, 스포츠에 이르기까지 전날 일어났던 일들을 생생하게 전달해 준다. 그중에서 사건사고의 속보성은 인터넷으로 충분히 알 수 있다. 따라서 사건사고 위주의 스크랩보다 수많은 정보 중 재미있고 관심 있는 이야기를 추린다.

만약 나의 업무가 신상품 개발이라고 해보자. 그렇다면 매일 신문에서 히트 친 신상품에 대한 이야기, 신상품 개발 비하인드 스토리 같은 눈길을 끄는 기사를 꾸준히 스크랩해 보자. 직장에 다니는 사람은 회사에서 보는 신문이 4~5개는 될 터이니 신속하게 관심 있는 기사의 제목만 모아두어도 된다. 필요한 기사는 카페나 블로그, 혹은 많은 용량을 제공하는 메일함 등에 다양하게 보관할 수 있다. 이러한 작업을 6개월만 꾸준히 하면 축적되는 이야기의 양과 질, 그리고 기사 보는 안목이 몰라보게 달라질 것이다.

발로 뛰어서 얻을 수 있는 스토리를 신문에서는 하루 한 시간 정도의 투자로 거뜬히 얻어낼 수 있다. 그런데도 신문 활용도는 아주 미미하다. 특히 젊은 직장인들은 인터넷이나 무료신문을 통해 단편적인 사건사고만 접하는 경우도 많다. 그러면서 신문에서 얻는 정보는 깊이가 없고 조잡한 정보에 불과하다고 무시하지 않는가. 초점도 없이 모든 정보에 관심을 갖다가 정보의 홍수 속에 빠져 허우적거리지는 않는가. 요즘 시대는 정보가 모든 지식의 원천이다. 신문을 어떻게 활용하느냐, 트렌드를 어떻게 빠르게 읽느냐에 따라 이야기를 수집할 가능성은 크게 달라진다.

책과 잡지에서 배우는 편집의 기술

신문만큼 잡지雜誌 또한 그 이름에 걸맞게 수많은 다양한 이야깃거리를 많이 제공하는 매체다. 하지만 특정한 분야나 산업, 독자를 가진 잡지들도 많다. 책상에 앉아서 국내외에서 일어나는 이야기를 사진과 함께 볼 수 있는 잡지는 흥미롭다. 내가 알고 싶은 이야기를 많이 다룬 잡지, 내게 도움이 되는 이야기를 많이 담은 잡지들을 통해 풍성한 스토리 수집이 가능하다.

그 중 패션회사 베네통의 계열사에서 만든 계간 잡지 〈COLORS〉는 전 인류가 패션과 화려함에만 관심이 있을 것이라는 고정관념을 과감하게 탈피한 잡지다. 여러 나라 언어로 발행되고 있는데 시즌마다 하나의 주제를 정하고, 그에 대한 전 세계의 시각을 지면에 스토리텔링 기법으로 풀어내는 독특한 구성을 지녔다.

그 하나의 주제는 별로 특별할 것은 없다. 바다, 죽음, 전쟁, 장난감, 심지어 똥까지 있으니 경계도 장르도 없다. 한 권 한 권 'All that sea', 'All that toys' 이런 식이라고 할 수 있다. 늘 충격적인 비주얼로 독자를 압도하지만 이 잡지의 가장 놀라운 점은 전 세계를 돌아다니며 실제로 벌어지는 일들을 담은 이미지와 화제가 될 이야기들을 모아놓았다는 것이다. 흔하게 알려지지 않은 이야기와 남다른 시선을 담아냈기 때문에 앉아서 보기만 하고 읽기만 하는 독자라도 사고가 넓어질 수밖에 없다. 〈COLORS〉에는 앞으로 기록될 인류의 객관적인 역사가 될 이야기들이 많다.

잡지가 이런데 책은 말할 것도 없다. 좋은 이야기를 찾아낼 때에는 책만한 것이 없다. 책을 많이 읽으면 이야기가 바닥날 걱정은 하지 않아도 된다. 책은 스토리 라이팅의 교과서이기 때문이다. 전문 분야의 책읽기가 어렵다면 길잡이 책, 혹은 종합안내서 격의 책을 보면서 그 다음 책을 고를 수 있다. 어디에 어떤 이야기가 있는지 다 알 수 없지만 길잡이 책을 첫 책으로 시작하면 그 다음에 읽어야 할 책 목록이

서로 다투어 줄을 설 것이다.

남의 이야기와 나의 이야기를 적절히 배합한다

최근엔 '요리'가 인기가 많다. 인류가 오랜 역사 속에서 식지 않는 열정을 발휘했던 것에 요리만한 게 있을까 싶다. 우리가 이렇게 치열하게 힘들게 사는 이유가 다 '먹고 살자'고 하는 일이라고 생각하면 당연하다. 음식 이야기엔 조리법만 있는 게 아니다. 봇물을 이루는 요리책도 한층 다양하다. 그 중에서 가장 다양한 요리를 다루고 있으면서 가장 많은 이야기를 가진 책이 하나 있다. 인기 웹툰이었다가 책으로 엮은 조경규 작가의 〈오무라이스 잼잼〉이다.

이 책은 햄버거, 녹차라떼 등 누구나 접할 수 있는 일상적인 음식부터 우주 식품, 전투 식량 같은 비일상적인 식품까지 다양한 음식들을 먹음직스럽게 그려내고 있다. 게다가 음식에 대한 추억, 그 음식과 함께한 사람에 대한 이야기가 가득하다. 그림을 보는 순간 음식 냄새가 나는 것 같을 정도로 잘 그린 그림 때문에 다이어트하는 사람에게 아주 괴로운 책이라는 말도 있다.

가족과 함께 갔던 초당 순두부라거나, 연인과 같이 갔던 여의도 치킨집, 이런 이야기들을 가지고 있다. 결국 음식이라는 것은 그 순간에 함께한 사람들과의 이야기가 모두 섞여 있다. 단순히 레시피대로 따라 하는 것이 아니라 사랑하고 있는 누군가에 대한 추억이 버무려진 맛이 결국 음식인데, 〈오무라이스 잼잼〉은 그 지점을 제대로 자극하고 있다. 음식은 우리에게 스토리를 떠올리게 하는 힘도 있다. '내가 지금 먹고 있는 이 음식에도 추억이 있다면? 나 어릴 적에 이런 것을 먹었는데 그땐 이렇게 먹었지, 누구랑 먹었지.' 하는 식이다.

조경규 작가는 책의 이러한 스토리를 우선적으로 자신의 경험에서 찾는다. 스토리가 먼저 나오고 음식을 찾는 경우도 있고, 음식이 결정되면 거기에 맞는 스토리를 찾는 경우도 있다. 그리고 음식에 얽힌 사연이나 역사적 일화도 풍부하게 나온다.

작가는 음식과 관련된 자료를 찾는 일을 즐긴다고 한다. 흔히 보던 음식이 아주 달라 보이는 계기가 된다고도 한다. 예를 들면 인스턴트 음식이 몸에 나쁘다는 편견이 있지만, 인스턴트 음식을 개발해 낸 사람들이 의외로 아주 오래 살았다는 이야기 같은 것이다. 나의 이야기와 남의 이야기를 적절히 섞어주는 깨알 재미는 그림 못지않은 맛있는 이야기를 제공한다.

스토리 라이팅은 세상의 모든 이야기를 이용한 글쓰기다. 글쓰기의 재료가 되는 '이야기'를 스스로 창작할 수 없다면 어디서든 찾아야 한다. 스토리가 많이 모아질수록 글쓰기 창고의 재산은 불어난다. 이런 것이 많으면 많을수록, 잘 정리되면 될수록 글쓰기에 대한 두려움과

저항감은 확실히 줄어든다. 때로 빠른 변화로 인해 낡은 정보가 되었을 땐 버리기도 하고 채워 넣기도 하면서 계속 업데이트하면 된다.

음식은 우리에게 스토리를 떠올리게 하는 힘이 있다.
'내가 지금 먹고 있는 이 음식에도 추억이 있다면?
나 어릴 적에 이런 것을 먹었는데 그땐 이렇게 먹었지,
누구랑 먹었지.' 하는 식으로 말이다.

그 모든 기록은 위대한 스토리다 :
일기, 플래너, 블로그, 메모

이순신 장군도 모르셨을 것이고, 김구 선생도 모르셨을 것이다. 당신들의 일기가 후대에 길이길이 읽힐 명문으로 손꼽혀 내려오고 있다는 것을. 유태인 소녀 안네 프랑크Annelies Marie Frank, 1929~1945도 몰랐을 것이다. 자신의 일기가 전 세계의 언어로 번역되어 고전급 반열에 오르리란 것을. 수많은 일기, 편지 같은 지극히 사적인 기록들이 일종의 문화유산이 되어 후대에 전해지는 일을 위대한 그들도 아마 쓰면서는 몰랐을 것이다.

하지만 개인의 기록은 예나 지금이나 소중하다. 내 손으로 기록하는 모든 것은 어쩌면 가장 소중한 스토리가 될 수 있다. 아무리 비슷한 일을 당한 사람이라도 그 경험이 세밀하게 같을 수는 없다. 한 동네에 살면서 매일 2호선 지하철을 타고 시청 근처의 일터로 출근하는 두 직장인의 경험이 모두 같을 수는 없다. 두 사람이 자라온 환경이 다르고 현재 처한 상황이 다르고 결정적으로 생각이 다르므로 같은 것을 기대할 수 없다. 이들이 출근길 이야기를 일기에 쓰거나 누군가에게 편지를 써서 보낸다면 단 한 줄도 일치하지 않을 수 있다. 개인의 사적인 기록은 그 어떤 사람의 경험과도 같지 않기 때문에 고유성 측면에서 가치가 높다.

세밀하고 특별한 자기만의 스토리 시작은 '일기'

자기 경험, 자기 이야기에 대한 기록을 성실하게 하자. 일기, 플래너, 다이어리, 블로그, 모두 자기 생활과 이야기를 기록하기 좋은 도구다. 개인의 작은 경험에서 시작한 일이 대중의 공감과 호응을 얻어 큰 비즈니스가 되는 경우가 있다. 앞서 꼽은 사람들뿐만 아니라 세상의 많은 성공한 사람들은 오랫동안 꾸준히 일기를 쓴 경우가 많다.

일기는 단순히 글쓰기 능력만 키우는 것이 아니라 자신의 소중한 역사이기도 하다. 글쓰기를 통해 자기자신을 성찰하면서 성장시키는 소중한 산물이 바로 일기다. 세밀하고도 특별한 자기만의 스토리를 가득 채워나갈 수 있다. 내 생활양식, 보통의 일상이지만 새롭게 깨달은 생각, 특별한 경험, 만난 사람들 이야기는 물론이고, 직장에서 보여준 업무 해결방식이나 위기 대처능력 같은 것은 기록해 놓고 두고두고 읽고 싶은 칭찬거리다. 이런 기록들은 흐뭇하게 바라보는 것에

"종이는 인간보다 더 잘 참고 견딘다."
유태인 소녀 안네 프랑크는 너무나 어린 나이에
생을 마감했지만 그녀의 표현대로
종이는 인간보다도 더 잘 참고 견뎌냈다.

서 그치지 않고 자신의 경험을 스토리로 풀어야 할 때 요긴하게 쓸 수 있다.

　사랑과 연애의 경험도 마찬가지다. 사실 한 사람을 사랑하고 좋아하게 되는 경험은 아주 개인적이고 사소한 역사로 치부할 수 있지만, 실은 우리가 사람과의 관계를 이해하는 데 가장 많은 시금석을 제공한다. 사랑이나 연애를 잘하는 사람이 자신의 일도 잘한다는 건 그 때문이다. 사랑이나 연애만큼 직설적이고 명명백백한 대인관계는 그 어디에도 없다. 그래서 사랑이나 연애를 잘하는 사람이 대인관계를 잘 이끌어갈 수 있는 것이고, 대인관계가 원만하니 일도 잘할 수 있는 것이다.

저녁이 어렵다면 아침일기는 어떨까?

　이제부터 일과 사랑은 한꺼번에 잡아야 하는 두 마리 토끼가 아니라 한 마리를 잡으면 다른 한 마리는 저절로 따라오는 보너스 같은 것이라고 생각하라. 물론 거기에는 조건이 있다. 사랑을 할 때는 가슴과 머리를 동시에 이용해야 한다. 사랑과 연애에서 비롯되는 많은 경험은 대인관계, 나아가 우리 사회 전반의 여러 가지 문제를 해결하는 전략으로 사용될 수 있는 것이다. 자신이 실패했다면 그 이유를, 자신이 기분 좋은 성공가도를 달리고 있다면 또 그 이유를 분석한 대로 잘 기록하자. 혹시 모른다. 연애의 경험, 설레는 사랑의 경험이 연인의 마음을 사로잡는 컨셉트의 광고기획서에 중요한 하이라이트를 이루는 스토리 라이팅이 될지도 모르니까.

그런데 생각보다 많은 사람들이 일기나 메모하는 일에 시간을 내지 못한다. 직장생활을 하다 보면 회식도 있고 술자리도 있고 집에 늦게 들어가서 정신없이 씻고 잠들기 바쁘고 다음날 지각만 안 해도 다행인 날들이 있다. 이런 불규칙한 퇴근 이후의 생활이 일기 쓰기를 방해한다면 생각을 바꿀 필요가 있다. 꼭 하루 일과를 마친 다음에 일기를 써야 한다는 고정관념만 버리면 된다. 이런저런 일로 퇴근시간이나 취침시간이 규칙적이지 않은 현대인들이 제정신으로 꼬박꼬박 일기를 쓰는 일은 어쩌면 불가능에 가까운 일인지 모른다.

차라리 업무를 시작하기 전에 일기 쓰는 방법을 생각해 보기를 권한다. 물론 길게 쓰면서 문장력까지 기르자는 것도 아니고, 그 활기차야 할 아침에 어제 일을 되돌아보느라 후회와 참회의 시간으로 기운 빼자는 것도 아니다.

모든 일은 계획과 그 계획을 실행해야 성공적으로 마칠 수 있다. 따라서 새로운 하루를 계획하고 준비하는 시간으로 아침일기 쓰길 권한다. 어제의 감정도 일단 한번 걸러진 감정이 되기 때문에 후회나 반성의 일기가 된다 해도 사실과 감정이 균형을 이룬 이성적인 분석이 가능하기 때문이다. 하루 전의 일이니 또렷이 기억할 수 있다.

허둥지둥 일어나서 아무런 준비 없이 하루를 시작하는 사람과 하루 계획서나 아침일기 등 어떤 계획을 위한 자세를 야무지게 가다듬는 사람과는 절대로 같을 수 없다. 우선 하루 단위부터 엄청난 차이를 드러낼 것이다. 그 스토리가 1년이 되고 2년이 되어갈 때 처음엔 작은 습관 차이로 시작된 것이 이내 커다란 능력의 차이로 바뀌어갈 것이다.

편한 대로 쓰면 된다. 감정을 빼고 사실만 써도 좋다. 메모를 적는 방식이라도 상관없다. 그 스토리가 특별하고 잊을 수 없다면 굳이 쓰지 않아도 그 당시의 감정이 되살아나는 건 쉽다. 기록하지 않았으면 잊힐 스토리라도 문자로 잡아두었기 때문에 기록한 것을 보면 그 당시 상황이나 감정까지 기억날 수 있다.

적자생존, 메모만이 살길이다

메모는 긴 글의 포문을 여는 실마리가 될 수도 있기 때문에 아이디어나 글감이 될 수 있다. 창조적 활동을 하는 사람들은 대부분 메모광인 경우가 많다. 정약용 선생은 책을 읽으면서 그 내용에 대한 자신의 생각과 느낌을 기록했고, 그래서 500여 권의 책을 저술할 수 있었다. 에디슨 Thomas Alva Edison 은 정규 교육을 3개월밖에 받지 못했지만 이해심 많은 어머니 곁에서 자라면서 왕성한 호기심을 독서와 메모, 실험에 광적으로 매달리면서 채워갔다. 어린 시절에만 약 2,300권의 책을 읽었고, 사후에 에디슨이 메모했던 수첩이 약 4,200여 개나 발견되었다고 한다.

 글을 쓰려는 사람이 독서를 할 때도 메모를 통해 읽은 내용을 좀 더 완전하게 자기 것으로 만들 수 있다. 책을 읽으면서 중요한 내용을 파악하는 방법으로는 밑줄을 긋거나 메모하는 일이 있다. 그 책을 다시 읽게 되거나 필요한 내용을 찾기 위해 뒤적일 때 메모하거나 밑줄 그은 내용을 중심으로 되짚어보면 된다. 책을 읽으며 메모를 할 때는 '요점 적기', '의문점 적기', '작가와 내 생각의 다른 관점 적기', '관련된 아이디어 적기' 등을 하면 좋은데, 이런 과정은 생각의 실마리를 끊임없이 제공하며 쓰고 싶은 욕구를 부채질한다.

 정보가 다양하고 많을 때에는 휴대할 수 있는 크기로 복사하여 파일로 저장해 두는 것이 좋다. 복사할 경우에도 같은 크기로 해두면 좋은데, 이는 크기가 각각 다르면 나중에 다시 읽을 때나 주제별로 정리할 때 불편하기 때문이다. 복사해 둔 종이 위에는 날짜를 기입하고, 여백에 정보의 키워드나 감상을 메모하는 것이 좋다. 그래야 나중에 펴 보아도 왜 이 정보를 모았는지 한눈에 알 수 있기 때문이다. 또 '경영혁신', '기획' 등 주제를 드러내는 표시를 한 후 파일 처리를 하는 것이 좋다.

 이런 메모 방법은 이를 선호하는 사람에겐 좋지만 번거롭다고 생각할 수 있다. 스마트폰, 아이패드, 태블릿PC 등을 이용해 여러 가지 기능이 추가된 메모를 편리하게 할 수 있다. 물론 휴대성과 용량, 기능 면에서는 디지털 도구의 우월성을 부인할 수 없다. 하지만 이런 디지털 도구 가운데도 아날로그 스타일의 장점은 무시할 수 없다. '손에 힘을 주어 쓰는 행위' 자체가 뇌의 활동을 촉진하고 기억에도 더 오래 남기 때문이다. 그리고 사실 '글을 쓴다'는 행위와 더 가까운 방법이다.

하지만 아무리 좋은 메모, 아무리 많은 메모도 나중에 활용하지 못하면 소용없다. 수첩, 스케줄러, 스마트폰, 포스트잇 등 다양한 메모장에 메모를 하다 보면 나중에는 어떤 내용을 어디에 기록해 두었는지 찾지 못해 허둥대기 마련. 메모를 제대로 활용하기 위해서는 한 군데에 모아서 정리하는 작업이 꼭 필요하다. 디지털 메모를 활용하면 필요한 정보를 쉽게 검색할 수 있다. 잠자리에 들기 전, 그날의 일과와 성과 등을 어딘가 한곳에 정리하는 시간이 필요하다.

메모는 누구나 할 수 있는 쉬운 일이다. 무조건 적어두자. 보는 것, 들은 것, 머릿속에 떠오르는 것, 모두 언젠가는 쓸 데가 생긴다. 그런 메모들은 모두 나만의 고유한 경험이라는 점을 잊지 말고 소중히 여기자. 그리고 글의 도입부를 어떻게 써야 할지 생각이 안 날 때, 잘 쓰다가 문득 글이 막힐 때, 그렇게 쌓인 메모 속 스토리가 말을 걸어올 때가 있다. 하고 싶은 말은 있지만 어떻게 첫 문장을 풀지 고민이 될 때, 우선 재미있는 내 스토리부터 하나 소개해 보자. 그렇게 하고 나면 하고 싶은 말은 한결 수월하게 풀릴 것이다.

스토리의 영원한 보고를 탐험하라 :
문학과 역사, 예술에서 스토리 찾기

글쓰기의 기본은 낱말의 선택과 결합을 통해 의미를 만들어가는 것이다. 그래서 좋은 글을 쓰려면 문학, 예술, 철학, 역사 등 인문학적 앎을 자양분으로 삼아야 한다. 인문학은 스토리의 보물창고다.

문학, 철학, 역사, 예술 분야에서 이야기를 빼면 세상에 남는 이야기는 없다. 세상의 모든 위대한 이야기는 모두 인문학에서 나왔다고 단언해도 지나치지 않다. 결론적으로 스토리가 무한하게 샘솟는 인문학 책읽기는 스토리 라이팅의 재료 공급처이고, 모든 글쓰기의 기초체력이다.

인문학 책 읽기는 모든 글쓰기의 기초체력

메디치 가는 이탈리아 피렌체의 가문으로, 인문학과 문화, 예술 후원을 통해 14~16세기 유럽의 문화 부흥기인 르네상스를 이끌었다. 우리나라 기업의 경영자들도 인문학의 중요성을 깨닫고 인문학적 감성이 있는 인재를 채용하려는 경향이 커졌다. 인문학은 사람을 이해하는 학문이고 인류가 어떻게 살아야 하는지 궁극적인 해답을 주는 학문이다. 기업활동이든 개인의 일상적인 활동이든 인문학의 토대 위에서 문제의 열쇠, 미래의 열쇠를 찾을 수 있다.

스토리 라이팅의 비결은 인문학 하나로도 해결할 수 있다. 그 안에 녹아 있는 수많은 스토리를 발굴하고 사고 영역을 넓혀나가면 스토리 소재는 얼마든지 있다. 자신의 전공과 주 업무, 주 관심사에 따라 다양한 인문학 독서를 한다면 기획서의 빛깔이 달라질 것이다.

가령 식품회사의 직원이라면 문화적으로든 역사적으로든 요리나 음식에서 찾을 수 있는 스토리는 무궁무진하다. 어디서나 요리나 음식 이야기가 넘쳐나지만 조금은 부족한 음식 너머 사람과 세상에 대한 이야기로 스토리텔링한 마케팅 기획서를 쓸 수 있다. 기획서를 받아든 상사도, 기획서대로 실행했을 때의 고객만족도도 크게 향상시킬 수 있다.

문학과 역사와 예술 속의 스토리는 양적·질적으로 축적된 매체인 책을 통해 만나는 것이 가장 좋지만, 큰 힘 들이지 않고도 소소하게 알 수 있는 길도 많다. 예를 들면 방송 프로그램이 그렇다. 요즘 같이 TV 채널이 많은 시대엔 골라 볼 유익한 프로그램이 정말 많다. 미술 기행, 인문학 기행, 음악 기행, 인문학 강좌, 건축 다큐멘터리 등 가만히 앉아서 보는 것만으로도 재미있는 이야기를 많이 얻을 수 있다. 해외에서도 인정하고 호평하는 우리나라 방송사의 수준 높은 다큐멘터리는 좋은 스토리의 보물창고다.

완벽한 자료보다 더 소중한 '이야기성'

웃고 즐기는 예능 프로그램도 우습게 보아서는 안 된다. 〈꽃보다 할배〉라는 인기 있는 예능 프로그램만 해도 여행지에서 만난 역사와 문화 예술에 대한 이야기가 깨알같이 펼쳐진다. 대만의 엄청난 크기를 자랑하는 국립박물관 이야기, 스페인 바르셀로나에서 만난 건축가 가우디 이야기는 짧은 시간이지만 위대하고 강렬한 이야기로 다가온다.

라디오 방송에서 들려주는 이야기도 많다. 예를 들면 클래식 음악이 나오는 FM 프로그램을 며칠만 들어도 음악적 이야기거리를 만날 수 있다. 방송에서는 음악이 나오는 틈틈이 음악과 관련된 이야기는 물론이고 다른 예술가의 이야기, 역사적 이야기들이 짧고 재미있게 소개된다. 이야기가 소개되는 고정 코너가 매일 일정한 시간에 진행되기 때문에, 잠깐만 신경 써서 챙겨 들으면 많은 이야기를 모을 수 있다.

TV든 라디오든 이야기를 재미있게 보고 들으며 가볍게 메모해 두었다가 써먹거나, 더 알고 싶은 것이 있으면 다른 자료나 책을 찾아서 더 많은 스토리를 발굴하면 된다. 인기 프로그램은 아직 방송이 끝나지도 않았는데 거기서 관련된 키워드가 인터넷 포털사이트의 실시간 검색어에 뜬다. 궁금한 사람들이 더 찾아보는 것이다. 글쓰기를 하려면 이렇게 하면 된다.

위대한 이야기를 창조하긴 어렵지만 위대한 이야기를 찾아보기는 쉽다. 요즘은 앉아서 손품만 조금 팔아도 천 년 전 이야기도 쉽게 알아볼 수 있다. 다만 모든 자료는 정확한 것이 생명이다. 그래서 책을 통해 얻는 것을 권하지만, 이미 수세기 동안 검증된 이야기는 인터넷을 통해서도 얼마든지 신뢰할 만한 자료를 얻을 수 있다. 자료를 완벽하게 찾기보다 글을 쓰면서 찾아가는 방법이 더 알맞은 이야기를 적재적소에 넣기에도 좋다.

꼭 사실일 필요는 없다 :
연상과 상상, 그리고 공상

사실 모든 글쓰기에는 상상력이 필요하다. 스토리 라이팅에서는 더더욱 필수다. 뉴스 기사처럼 단순한 사실이나 수치, 객관적인 데이터, 현실적인 정보만으로는 스토리 라이팅을 하기 어려울 뿐더러 상상력이 가미되지 않은 스토리 라이팅은 건조하고 재미없을 수 있다. 더욱 매력적인 글이 되려면 상상력이라는 필수적인 요소가 들어가야 한다. 과거엔 확실하고 정확한 데이터만 있으면 글 쓰는 일이 어렵지 않았다. 그런데 이제는 상상력에서 탄생한 유·무형의 콘텐츠와 기획력이 곧 그 사람의 능력을 보여주는 시대다. 기획서 한 장에도 말랑말랑한 상상력이 동원되지 않으면 안 된다. 뭔가 내 미래가 불안하고 불투명하다 싶으면 당신의 상상력 재고율을 점검해야 한다.

상상력은 아기고양이 다루듯 키워야

상상이란 아무리 많이 해도 비용이 들지 않는다. 여기저기 파헤치고, 오려내고, 가져다 붙이고, 쌓아올려도 전부 공짜다. 그 때문에 인류의 발전은 상상 속에서 모든 것이 이루어졌다. 우리가 현재 누리고 있는 그 모든 문명은 상상의 산물이 아닌 것이 없다. 자동차, 선박, 비행기, 첨단무기, 인공위성 등. 이것들을 탄생시킨 상상력의 리더들은 인류의 삶을 획기적으로 변화·발전시켜 왔다. 상상력의 진화는 옛날부터 지금까지 치열하게 진행형이다.

프랑스의 쥘 베른 Jules Gabriel Verne 과 미국의 마이클 크라이튼 Michael Crichton 은 모두 SF소설의 거장이다. 쥘 베른의 소설 〈해저 2만리〉에서는 오늘날의 핵잠수함 개념이 등장한다. 마이클 크라이튼은 우리가 너무나 재미있게 진짜처럼 느낄 수 있었던 영화 〈쥬라기 공원 Jurassic Park 〉을 쓴 원작자다. 이들은 웬만한 과학자를 뺨칠 정도로 과학지식을 가지고 있다. 이야기가 공상보다는 차원 높은 과학지식에 기반을 두었지만 그게 사실이라고 생각하는 사람은 별로 없다. SF라는 말 그대로 과학을 모태로 했을 뿐 픽션이기에, 상상이 대부분을 차지하는 스토리 라이팅이라고 할 수 있다.

한류열풍을 가져온 대작 드라마 〈대장금〉의 실제 주인공은 〈조선왕조실록〉에 겨우 한 줄쯤으로 기록된 인물이었다. 그 한 줄에서 시작된 상상이 대단히 씩씩하고 매력적인 캐릭터로 창조되고 엄청나게

모든 스토리는 꼭 사실일 필요는 없지만
반드시 사실처럼 보여야 한다.
영화 〈광해〉는 '광해군일기'에서 누락된
15일이 모티브가 된 작품이다.

다양한 스토리를 가공하기에 이르렀다. 영화 〈광해〉도 마찬가지다. 황조윤 작가는 〈조선왕조실록〉의 광해군 편인 '광해군일기'를 뒤지다 보니 며칠씩 기록이 빠져 있고 15일가량 누락된 부분이 있었는데, 그 누락분 15일을 모티브 삼아 상상력을 펼쳐 쓴 작품이라고 말했다.

스토리 라이팅은 본질적으로 창조적 상상력이 필요하다. 모든 스토리는 꼭 사실일 필요는 없지만 사실처럼 보여야 한다. 공상일지도 모를 이야기를 그럴듯하게 믿을 만한 이야기로 만들어야 한다. 전혀 사실이 아니라도 일관성은 있어야 한다. 전래 동화, 귀신 이야기라도 앞뒤는 맞아야 한다는 의미다. 개연성이 빠진 글은 설득력이 없기 때문이다. 그래서 연상과 상상을 통하는 스토리 라이팅이라도 자료 찾기가 병행되어야 그 상상 스토리에 개연성을 살릴 수 있다.

하지만 상상력이라는 무형의 재산은 어느 날 갑자기 로또복권처럼 생기지 않는다. 상상력은 아기고양이처럼 다루어야 한다. 평소에 조금씩 조금씩 키워주고 돌봐주어야 한다. 그래야 필요할 때 제 기능을 발휘한다. 하지만 오늘날 같은 디지털 정보사회에서는 상상력을 발휘할 틈이 없다. 생각해 볼 겨를도 없이 즉각즉각 손 안에서 궁금한 일들이 해결된다. 상상력을 관장하는 머리를 안 쓰니 굳을 수밖에 없다. 어떤 새로운 생각도 어떤 즐거운 상상도 되지 않는다. 그저 늘 자신을 바쁘고 빠른 시간 속에 내모는 것이 전부다.

이건 심리적인 문제를 해결하지 않으면 나아지지 않는다. 여가시간까지 더 자신을 쥐어짜는 일로 보내지 말아야 한다. 자신을 여유 없는 삶 속에서 혹사시키고 최소한의 감성을 쥐어짜낸다면 상상력이 싹트기 힘들다. 말랑말랑하고 촉촉한 스토리 라이팅은 더더욱 힘들다.

나에게 생각할 시간을 주자

의식적으로라도 여유 있는 시간을 갖는 것이 정말 필요하다. 바쁜 일정 속에서도 짬짬이 완전하게 혼자 있는 시간을 만들어 쉬어야 한다. 완전히 혼자가 되어보아야 제대로 딴 생각도 할 수 있다. 새로운 경험을 두려워하지 않고 자신감이 생기며, 익숙하게 알고 있는 것도 타성에 젖지 않고 다른 시각으로 보는 눈이 생긴다. 한시도 벗어날 수 없는 일상의 피로도가 당신의 창조력을 갉아먹는다는 것을 잊지 말고, 제2의 두뇌발달을 바란다면 당신의 일과를 탈수기에 넣고 돌리는 일을 그만두어야 한다.

요즘 시대에 각광받는 키워드 중 '차별화'가 있다. 원만한 것보다는 독특한 것, 나만의 것을 선호하는 사람들의 추세를 반영한다. 그런데 어떻게 남과 다르게 할까, 어떻게 하면 좀 특별하게 남의 눈길을 끌 수 있을까. 하지만 튀는 수단이 반드시 눈에 보이는 즉각적인 것일 필요는 없다. 그것은 시각적으로 튀는 하나의 방법일 뿐이다. 눈에 금방 띄는 방법이기 때문에 많은 사람들에게 빨리빨리 호응을 끌어낼 수 있을 뿐이다. 당장 눈에 띄지 않아도 남과 다른 관점을 갖는 것이 시작이다.

늘 같은 형식이나 틀 속에 자신을 가두지 않고 자유롭게 놓아둘 수 있는 사람이 되는 것이 중요하다. 늘 새롭고 낯선 것에 대한 욕구와 갈망으로 가득 차 있고, 그것을 어떤 식으로든 행동으로 표출시켜 자기 만족을 얻으려는 노력이다. 거기에는 늘 문화충돌이 있고 상식과 인습, 관습과 부딪치는 일이 생기지만 그러한 눈에 보이지 않는 제도를 깸으로써 끊임없이 나와 다른 사람을 자극하는 것이다.

늘 같은 사람과 어울리고 밥 먹고, 늘 보던 신문과 잡지를 아무런 생각 없이 펼치는 것, 같은 회의에 참석하고 늘 뻔한 업무를 위해 많은 시간을 허비하는 것은 일단 여러 생각이 필요하지 않기 때문에 익숙하고 편하다. 더이상 생각하고 상상하는 일이 불필요하게 느껴진다.

타인의 도움을 받아보는 것도 좋다. 나와 조금 다른 4차원 친구나 선후배를 만나서 자극받는 것이다. 주변에 이런 사람 한두 명은 있다. 내가 옳다고 믿었던 가치관을 흔들고 한 번도 생각해 보지 않았던 문제를 생각해 보게 만드는 사람과 자주 만난다. 생각의 폭이 얼마만큼 넓은지 잘 가늠할 수 없는 사람, 늘 기발한 생각과 순발력으로 감탄을 부르는 사람 말이다.

내가 읽지 않는 책을 읽는 사람, 내가 전혀 모르는 분야에서 일하고 있거나 알고 있는 사람, 내가 생각해 보지 않은 것을 잘 물어보는 사람, 늘 어딘가 내 관점과는 문제를 다르게 보는 사람, 일을 열심히 하면서도 여유로워 보이는 사람이 내 상상력을 깨우는 사람들이다. 이런 지인들과 자주 어울리며 두뇌를 활성화해야 글쓰기에도 물이 오른다.

사람은 누구나 스토리를 품고 있다 :
취재와 인터뷰

"*글감 찾기가* 제일 어려운데, 어디서 주로 찾나요?" 글쓰기를 하려는 사람이 아마도 가장 궁금해하는 질문이 아닐까 한다. 이런 질문에 한마디로 대답할 수 있으면 좋겠지만 모두 각자가 처한 상황이 다르니 같은 답변을 하는 것은 무의미하다. "내가 아는 분야나 취미, 관심사를 가장 손쉽게 쓸 수 있다."가 가장 원만한 대답일 것이다.

"무엇을 써야 할지 모르겠다."라는 질문에 대한 답도 같다. "가장 잘 쓸 수 있는 당신의 이야기를 써보세요."가 제일 무난한 답변이며, 그건 사실이다.

불가능하지만 그럴듯하게 여길 수 있는 사건이,
가능하지만 그럴듯하게 여길 수 없는 사건보다 낫다.
- 아리스토텔레스의 〈시학〉 중에서

당신 스스로 이야기가 되라

아리스토텔레스Aristoteles의 〈시학Poietike〉은 서사적인 글쓰기를 하려는 사람에게는 교과서와 같은 책이다. 스토리를 만드는 방법의 모든 것을 담고 있지만, 핵심 메시지는 내 영혼으로 글을 써야 한다는 것이다. 내 영혼으로 글을 쓰라는 말 자체는 정말 할 이야기가 있는 사람이 결국 스토리텔러가 된다는 뜻이다. 바꾸어 말하면 좋은 이야기를 만들어내려 애쓰기 전에 당신 스스로 이야기가 되어야 한다는 의미다.

쉽고 간결하게 순수한 당신의 모습을 전하라는 〈시학〉의 주장이야말로 스토리 라이팅의 기초가 아닐까? 열정과 행복, 즐거움, 고뇌, 공포, 웃음이 내 안에 차고 넘쳐야 그때서야 할 이야기가 생긴다. 그래야 다른 사람도 유혹할 수 있다. 결국 기술과 기법 이전에 내 안에 이야기가 고일 수 있도록 우선 행동과 신념을 갖추라는 조언과 다를 바 없다.

미래사회는 꿈과 감성을 제공하는 것이 상품이든, 조직이든, 개인이든 경쟁력의 포인트다. 그 중심에는 상상력과 창의력으로 버무려진 '이야기'가 있어야 한다. 이야기를 생산하는 사람, 이야기를 가진 사람이 사람들의 감성을 자극하며 세상을 지배할 것이다. 나의 스토리는 무엇인가, 나는 사람들에게 어떤 이야기를 전할 수 있을까를 고민해야 할 때다.

사람도 스토리가 있는 사람이 대중에게 어필하고 그 사람의 스타일과 빛깔이 선명해진다. 버락 오바마^{Barack Hussein Obama} 미국 대통령은 케냐 출신의 흑인 남성과 캔자스 출신의 백인 여성 사이에서 태어나 다양한 인종의 형제자매와 조카가 있다. 노예의 피와 노예 소유주의 피를 함께 물려받은 흑인 여자와 결혼해서 두 딸을 낳은 가족사는 다민족국가인 미국에서 상징적이며 의미 있는 스토리다. 이것이 오바마가 대선 당시 인종을 가리지 않고 많은 유권자에게 어필할 수 있는 중요한 부분이었다. 통합을 부르짖는 그의 메시지는 그가 가진 스토리로 인해 설득력 있게 들릴 수밖에 없었다.

나의 스토리에 한계가 있다면 다른 사람의 스토리를 찾아나서면 된다. 스토리 라이팅에서 글감을 고민할 필요가 없다. 앞서 말한 인문학 독서를 통해서도 무수한 사람과 만날 수 있지만, 직접 취재나 인터뷰를 통한 스토리 계발은 오롯이 자기 것이 된다. 잠시 전문 인터뷰어에게 인터뷰 기술을 배우는 건 어떨까?

모든 대화는 결국 인터뷰라고 말하는 지승호 작가

특정한 매체에 소속되지 않고 독립적으로 인터뷰를 해서 단행본을 내는 지승호 작가는 200여 명을 인터뷰해서 30여 권의 책을 펴낸 유명 작가다. 그는 인터뷰하는 것을 사랑하는 과정과 비슷하다고 말한다. 사랑하면 상대를 이것저것 알고 싶어서 묻게 되는데 인터뷰도 그래야 한다는 것이다. 그러려면 만나기 전에 그 사람이 어떤 사람인지, 뭘 좋아하는지, 어떤 일을 하는지 등을 알고 가는 건 필수다. '어차피 알려고 인터뷰하는 건데 만나서 물어보지 뭐.' 한다면 피상적이고 단편적인 질문밖에 못 해서 알맹이 없는 글이 되기 십상이다.

방한하는 외국 스타를 인터뷰한 기사를 보면 인터뷰어들이 그 스타에 대해 너무 공부를 안 하고 질문한다는 게 금방 느껴진다. "한국의 첫인상이 어땠나?", "한국음식 먹어봤나?", "강남스타일 아나?", "어디가 가장 인상적이었나?", "한국 팬들에게 하고 싶은 말이 있다면?" 정말 웬만한 외국 스타는 이런 질문을 안 받아본 사람이 없을 것이다. 매번 다른 사람에게 하는 질문이고 부담 없이 할 수 있는 질문이라고는 하지만, 그렇다고 다른 항목의 질문이 남다른 개념을 가진 것도 아니다. 그 사람을 잘 공부하지 않았으니 좀더 깊이 있는 질문을 할 수가 없다.

지승호 작가는 말한다. "인터뷰어의 미덕은 인터뷰 상대를 사로잡는 강렬한 매력 같은 것이 아니라 오직 노력뿐이라고." 그는 작가를 만나기 전에 그의 모든 작품은 물론 평론가들의 평, 네티즌들의 댓글, 미니홈피의 감상평까지 찾아 읽는다. 영화감독을 만나기 전엔 모든 작품을 보고, DVD 코멘터리도 듣는다. 그리고 약 300개 가량의 질문을 준비한다고 한다.

한 사람에게 그만큼의 질문을 뽑아내려면 얼마나 그 사람에 대해 공부해야 할 수 있을까? 그 정도 공부했으면 궁금할 것도 없을 것 같다. 하지만 그는 다시 인터뷰 대상자를 최대한 잘 보여줄 수 있는 질문으로 다가간다. 그는 "인터뷰를 준비하고, 만나서 얘기하고, 그것을 정리하는 시간은 좋아하는 사람과 연애를 하는 것처럼 짜릿하고 행복한 시간이다."라고 말한다.

그런 그가 인터뷰 기술에 대해 이렇게 말한다.

"상대방을 잘 이해하는 게 기본이에요. 책도 많이 읽어야 하지만 책에만 빠지는 게 아니라 현실과의 균형을 잘 잡아야 합니다. 사람들과 많이 부딪히고 실패하는 경험도 많이 하라고 말해주고 싶어요. 실패를 두려워하면 실패를 통해 더 좋은 선수가 될 수 있는 기회를 놓칠 수 있어요. 정답은 없죠. 모든 대화는 결국 인터뷰잖아요. 많이 인터뷰해 보고 그걸 기록으로도 남기고 그걸 평가받기도 하는 연습이 필요합니다."

조정래 · 정유정 작가에게 배우는 취재의 기술

소설가들이 한 작품을 계획하는 단계에서 필요한 전문지식이나 자료를 취재하는 열정은 뜨겁다.

조정래는 발로 쓰는 작가다. 전남 보성의 태백산맥문학관엔 그의 취재노트가 전시돼 있는데, 작은 수첩에 작품의 배경과 등장인물, 그들의 관계, 에피소드 등이 깨알 같은 글씨로 빼곡히 적혀 있다. 취재할 땐 빠른 글씨로 왼쪽 면에만 메모하고, 오른쪽 면은 이를 재정리하는 데 사용했다. 이런 취재노트가 〈정글만리〉를 포함해 400~500권이 된다고 한다.

조정래 작가는 〈정글만리〉를 쓰기 전에 보름에서 한 달 가까운 장기취재부터 일주일 이내의 단기취재까지 합하면 중국에 16번을 다녀왔다고 한다. 석학들의 저서 80권을 섭렵하고 중요한 것 20권을 골라 포스트잇을 붙여가면서 2차 자료를 정리했다. 기본적으로 잡지나 신문에서 1차 자료를 수집하고, 현장에서 취재한 민속과 풍습·습관까지 3차, 4차 자료를 수집한 것이 90권이다. 이렇게 자료를 모으고 나면 오버랩되는 게 나타나고 스토리가 만들어진다고 한다.

〈7년의 밤〉, 〈28〉 등의 작품을 쓴 정유정 작가의 집필 전 취재 과정이 또 하나의 스토리다. 〈7년의 밤〉을 집필할 때는 스쿠버다이빙과 댐에 관한 지식이 필요했다. 잠수 매뉴얼 등 관련 서적을 읽고 잠수 교관과 토목 전문가를 인터뷰했다. 소설 속 무대 세령호湖의 모델이 된 전남 순천 주암댐 운영관리팀도 여러 차례 방문해 인터뷰했다.

소설과 관련된 자료를 조사한 취재노트, 다른 하나는 등장인물들의 날짜별 동선을 기록한 타임라인 Timeline 노트, 마지막은 구성상 주의할 점과 참고사항 등을 적은 작업노트다. 작업노트엔 특정 장면을 그림으로 그린 스케치도 포함돼 있다. 이 모든 것이 그래도 재능 있는 작가니까 가능하지 않겠냐 하겠지만 정유정 작가는 작가도 공부하지 않으면 글을 쓸 수 없다고 말한다.

"아는 게 없으면 글을 쓸 때 애먹어요. 자료를 공부하다 보면 자료가 이야기를 알아서 만들어줄 때도 있고요. 이야기를 장악하려면 내가 만들 세계에 대해 잘 알아야죠. 그렇게 만든 세계에선 제비 새끼 한 마리도 맘대로 날아다니면 안 돼요."

더구나 정유정 작가는 작가가 되는 공부를 정식으로 한 사람도 아니다. 문예창작과나 국문과를 졸업한 것도 아니고 기성 작가의 문하생 시절을 거치지도 않았다. 지금도 문단과의 교류가 거의 없는 삶을 산다. 그의 과거 이력을 살피면 더 놀랍다. 간호대학을 나와 중환자실 간호사로 5년, 건강보험심사평가원에서 9년을 일했다. 결혼과 육아, 살림을 하면서 틈틈이 글을 썼다. 14년의 직장 근무와 6년의 무명 시절, 도합 20년의 세월을 견딘 끝에 생생한 리얼리티에 치밀한 구조를 가진 굵직한 서사의 탄생이 가능했다. 그의 작품이 영화계의 블루칩이 된 것도 그 때문이다. 이 모든 결과는 전쟁을 방불케 한 자료조사와 취재, 전문가 인터뷰 등의 사전작업이 있었기 때문에 가능했던 것이다.

10분 말하기 위해서 100시간을 공부해야 한다면, 원고지 10장을 쓰기 위해서 몇 장의 자료를 찾아야 할까. 직접 멀리 발로 찾아갈 수 없다면 가까운 곳에서부터 찾으면 된다. 인터넷 검색만 해도 많은 사람들의 스토리를 접할 수 있다. 다른 사람의 생각을 알 수 있는 인터뷰, 다른 사람의 생각이 담긴 글을 읽는 것을 부끄러워할 필요가 없다. 그 사람의 스토리를 읽으며 내 생각을 더하고 조금 변화를 주고 상상하며 살을 붙이면 내가 만든 또 다른 스토리가 탄생하는 것이다.

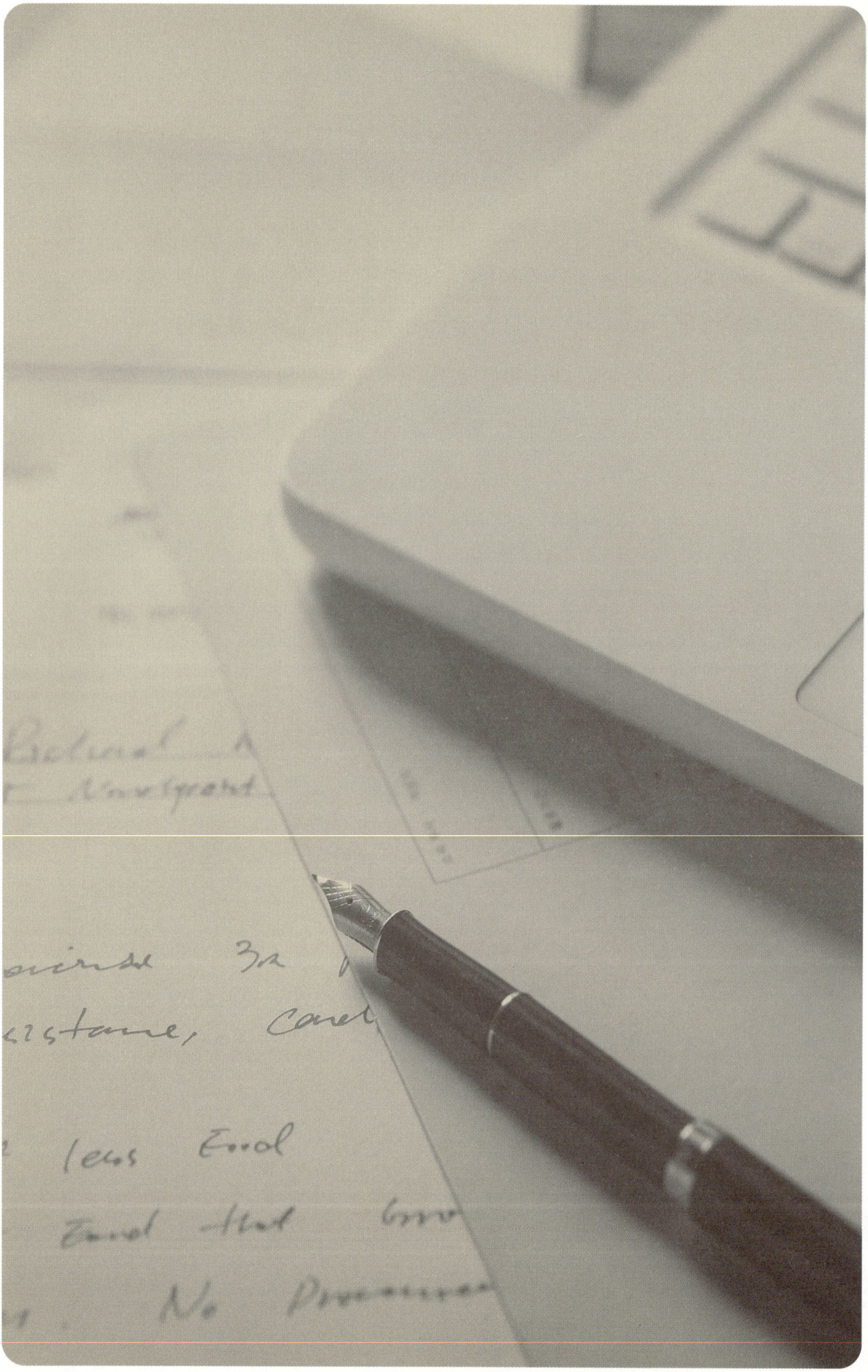

3장 비즈니스 문서의 스토리 라이팅 5가지 미션

　　　　　기원전 3세기에 그리스에서 태어난 수학자 유
클리드 Euclid, BC 330(?)~BC 275(?)는 기하학의 기초를 세웠다. 이집트 왕이
수학을 배우다가 기하학이 너무 어려워 쉽게 배울 수 있는 왕도 王道가
없냐고 묻자, 유클리드는 왕도가 없다고 대답하면서 아무리 왕일지라
도 열심히 배워야 한다고 말했다. '수학에는 왕도가 없다'라는 말은
이 이야기에서 유래되었다.

　글쓰기에도 왕도는 없을까? 엄밀히 말해서 글쓰기 실력이 하루아
침에 좋아지기는 사실상 어렵다. 글을 잘 쓰고 싶으면 많이 읽고 많이
생각하고 많이 써보는 방법밖에 없다는 게 정직한 답변이다. 그럼에
도 날마다 뭔가를 쓰고 결재를 받아야 하는 일이 업무의 대부분인 직

장인들은 어쩔 수 없이 자꾸 지름길이 없을까 찾게 된다. '일주일 만에 5kg 감량' 같은 홍보문구를 걸고 속성으로 비만탈출을 외치는 업체에 혹하는 것처럼, 읽은 게 없고 생각도 안 하고 써본 적은 더더욱 없는 사람이 운동 안 하고 체중감량 하고 싶은 사람처럼 글쓰기 '비법'에 더 목마르다.

비법은 있다. 그리고 그런 방법을 무작정 나쁘다고 할 수는 없다. 어쨌든 글쓰기에 도전하게 만들고 생각하게 만들고 뭔가 찾아 읽게 만들기 때문이다. 그대로 꾸준히 하는가 안 하는가 하는 일만이 글쓰기 성패를 좌우할 뿐, 그 방법 자체가 틀렸거나 나쁜 건 아니다. 그 방법대로 계속 훈련하면 결국 잘 쓰게 된다.

스토리 라이팅을 통한 글쓰기 연습을 통해 방법을 익혀보자. 직장에서 많이 쓰는 형식의 글을 스토리를 가지고 완성시켜 보는 것이다. 스토리 라이팅에서 정말 글을 쓰기 시작하는 건 막상 맨 마지막 단계다. 쓰기 전의 단계에서 이미 쓸 내용이 모두 정리되기 때문이다. 사전 단계에서 충분히 이야기를 발전시키면 문서 작성은 시간문제다. 쓸 내용을 어떻게 만들어갈 것인가가 스토리 라이팅의 미션이다. 다음 다섯 가지 단계를 차근차근 따라가며 자기 생각을 발전시키고 정리해 보자.

미션 ❶ 꿈꾸는 집을 상상하라 :
기획의 방향을 결정하고 큰 그림을 그린다

픽션을 만드는 한 아마추어 감독은 시나리오 쓸 때는 너무 힘든데 촬영이나 편집할 때는 무척 재미있다고 한다. 다큐는 반대로 기획할 때가 제일 재미있다고 한다. 이런저런 것들을 이리저리 넣어보면서 이렇게 이야기를 만들까 저렇게 이야기를 만들까 하면서 자기가 영상으로 말하고자 하는 주제를 구체화하면서 다루다 보면 시간이 금방 간다는 것이다. 그러다가 가끔씩 생각이 엉뚱한 샛길로 빠져 주제를 잊는 경우도 있지만, 그 엉뚱한 생각도 때로 요긴하게 써먹을 때가 있다고 한다.

기획서가 안 써진다고? 생각부터 가다듬자

　기획서를 쓰는데 영 안 써진다? 그도 그럴 것이 마음에 어떤 완성된 그림이 없으니 쓰면서도 계속 안 풀리는 것이다. 잘 쓰기 위해서 펜을 잡고 책상에 앉는 것이 먼저가 아니란 말이다. 하나의 작은 아이디어가 성장하여 이야기가 되고, 그 이야기의 앞뒤를 맞추어 구조적으로 완성시킬 수 있을 때까지 생각이 충분히 무르익어 열매를 맺을 때 그때 문서 작성을 하는 것이 맞다.

　언제부턴가 기업 구인광고 자격 조건란에 '제안(기획)서 작성 및 프레젠테이션 가능한 자'라고 명시된 것을 심심찮게 볼 수 있다. 하지만 적지 않은 취업준비생들과 사회초년생들이 이 말이 워드프로세서나 파워포인트 프로그램을 잘 사용할 줄 아는 사람이라고 생각한다. 하지만 그건 단순히 프로그램을 잘 다루는 기능을 말하는 것이 아니라 종합적인 사고 능력과 함께, 타인이 공감할 수 있도록 잘 전달할 수 있는 능력을 말한다. 이른바 '스토리텔링 Story Telling' 능력이다.

　자기는 정말 열심히 만들었고 꽤 괜찮은 기획서라고 생각하지만 막상 동료를 설득하는 데 실패하는 경우가 있다. 그건 한마디로 말하면 그 기획서가 재미없기 때문이다. 그럴듯한 결론에 합리적인 논리를 나열하는 데 그쳐서는 안 된다. 팀이 나아가야 할 방향과 목표를 쉽고 정확하게 이해시켜야 하는데, 왜 그렇게 해야 하는지 분명히 밝히고 나아가 그 방향과 목표를 위해 즐겁게 일하도록 만드는 '재미있는 기획서'가 돼야 한다. 차라리 논리적인 설득력은 좀 부족하더라도 내적인 공감, 즉 사람의 마음 어느 한 구석을 '탁' 치는 어떤 것을 끌어내야 성공한다. 정서적 공감을 끌어내야 팀원의 적극적인 액션도 기대할 수 있다.

기억에 남는 '이야기'를 심었는가

뭔가 일을 도모할 때 "일단 기획서를 보내주세요. 한번 보고 말씀 나누도록 하지요."라는 말까지는 일이 쉽게 진행되는 것 같다. 하지만 기획서 검토 후 정말 진지한 만남이 성사되는 경우는 드물다. 내 기획서 어디가 문제란 말인가? 크게 흠 잡을 데는 없을지 모른다. 문제는 없지만 건질 만한 이야기도 없는 게 문제다.

도형들과 아이콘, 뻔한 도식화로 가득하지 않은가? 업무상 어쩔 수 없이 일주일도 안 되는 기간에 이것저것 커닝하며 기획서를 '찍어내진' 않았나? 이런 기획서일수록 온갖 도식, 도형, 도표로 화려하게 치장되기 마련이다. 더구나 요즘 기획서들은 파워포인트 같은 프레젠테이션 프로그램을 이용한 슬라이드 편집 형태가 대부분이라 화려하게 만들자면 얼마든지 잘 만들 수 있다. 하지만 겉만 번지르르하고 사람의 마음을 움직이는 '감동'과는 거리가 멀기 쉽다.

이럴 바에는 도표 속에 갇힌 몇 줄짜리 단문보다 어쩌면 차라리 소박하게 워드프로세서로 간단히 정리한 문장 중심의 기획서가 더 나을 수도 있다. 스토리 라이팅 비즈니스 문서도 이런 틀을 조금은 벗어난 양식을 염두에 두면 좀더 자유로운 기획서가 될 것이다. 전혀 새로운 시각에서 문제를 접근하려면 글의 형식에 너무 얽매이지 않는 게 좋다. 기획서나 제안서 같은 비즈니스 문서를 많이 다루어본 프로 직장인들은 잘 훈련된 방법론을 통해 안정적인 기획서를 내놓는다. 하지만 안정적인 만큼 조금은 '뻔한' 대안을 내놓는 일도 다반사다. 반면 그야말로 뭘 모르는 신입들이 오히려 대담하고 참신한 방법으로 문제에 접근하고 이를 기획서에 구현하는 경우도 많다.

큰 종이 하나에 마인드맵을 그리든, 그림이나 도표를 그리든, 그냥 생각의 순서대로 일련번호를 매기든 자기 생각을 어떤 식으로든 종이에 남기는 것이 좋다. 출발은 가벼워야 한다. 끝까지 가벼우면 더할 나위 없이 좋겠지만, 출발부터 무거우면 끝까지 가볍기가 더 어렵다. 스스로 이 기획을 즐겨야 가벼워진다. 무언가 새로운 것을 창조한다는 것 자체에 매력을 느끼는 사람에게 좋은 기획력이 샘솟는 것은 당연하다.

그리고 어느 정도 자기 도취도 필요하다. 그것은 자신감이다. 기획서를 쓸 때는 어느 정도 스스로에게 도취하는 면도 필요하기 때문이다. 자신의 기획서를 보며 만족하고 즐거워할 수 있어야 한다. 자기 자신조차 반신반의하고 자기 자신을 만족시키지 못하는 기획서로 다른 사람을 설득하겠다는 건 어쩌면 망상이다. 사람의 감정이란 전염성을 가지고 있기 때문에 나부터 내 기획서에 만족스럽고 다른 사람 앞에 내놓는 일이 설레야 다른 사람도 그런 감정에 조금이라도 젖어들 수 있다.

하지만 처음부터 그렇게 만족스럽게 출발하는 경우는 드물다. 아이디어를 짜내는 일부터 문제다. 다양한 발상법과 꾸준한 연습을 통해 두뇌가 매끈하게 움직이도록 자꾸 훈련해야 능력도 향상된다. 모든 상식과 논리, 고정관념, 선입견을 접어놓고 다양한 생각을 해야 한다. 긍정적으로 생각하고 비판적이거나 부정적인 생각은 조금 보류한다. 질 좋은 것만 합격시키기보다 우선은 쓸데없는 생각 같아도 되도록 양적으로 많은 아이디어를 내는 것이 좋다.

> **아이디어 도출 과정 5단계**
>
> 1. 아이디어의 주제를 정한다.
> 2. 주제와 관련한 아이디어를 되도록 많이 생각해서 적는다.
> 3. 뽑은 아이디어를 응용, 수정, 확대, 결합, 재배치, 역발상 같은 것을 통해 더 많은 아이디어의 가치를 뽑아본다.
> 4. 이 모든 아이디어 중 실현 가능성 없는 것은 과감히 가지치기한다.
> 5. 글을 쓸 때 필요한 아이디어만 고른다.

기획의 첫 번째 미션은 도출된 아이디어를 가지고 머릿속에서 큰 이야기를 만드는 일이다. 치밀하게 기획하고 작은 일까지 세심하게 챙길 필요는 없다. 이 프로젝트의 목표와 방향에 대해 큰 그림을 그려 보는 것이다. 예를 들어 프로젝트의 성공이 가져올 결과나 변화까지 담되, 완벽하게 논리적이지 않아도 좋으니 처음부터 끝을 한번 상상해 보는 것이다. 새로 착수할 프로젝트를 검토하는 단계라면 이 정도의 생각 수준에서 기획서를 만들어도 괜찮다.

발상과 실현 가능성의 균형을 맞추었는가

기획을 통해서 어떤 가치가 실현될 수 있는지 마음속에 큰 그림을 그려야 한다. 이 기획이 세상을 어떻게 바꾸어놓을 수 있는지, 사용자들은 어떤 가치를 누릴 수 있는지 그리고 우리 회사는 이것을 통해서 어떤 기대 효과를 얻을 수 있는지를 정의할 수 있어야 한다. 한마디로 이 기획을 왜 해야 하는지를 정리해야 한다. 이런 스토리를 버니스 매카시 Bernice Mccathy 박사의 4MAT으로 풀어보면 효과적이다.

> 4MAT란?
>
> 1단계 Why 그것을 **왜** 해야 하나?
>
> (왜 지금 간식을 먹어야 하지?)
>
> 배고파서, 때가 되어서, 그냥 매운 게 먹고 싶어서, 단

음식 먹고 기분이 좋아지고 싶어서, 배는 부른데 심심해서, 누군가와 수다를 떨고 싶어서 등등. 이유가 구체적이고 명확할수록 나머지 What과 How와 If의 전개가 원활하고 기준을 잃지 않는다.)

2단계 What 상대방이 알아야 하는 것은 **무엇**인가?
(간식을 먹는다.)

3단계 How 그것의 원리와 세부적 내용은 **어떠**한가?
(저작 기능을 이용한다, 위는 포만감을 느낀다, 에너지가 생긴다, 사 먹는다, 직접 요리를 해먹는다, 배달해 먹는다, 이웃집을 방문한다 등등)

4단계 If **만약** 이것을 한다면 어떤 일이 일어날까?
(욕구가 채워지니 만족감을 느낄 것이고 활동이 가능해지며 기분까지 좋아질 것이다.)

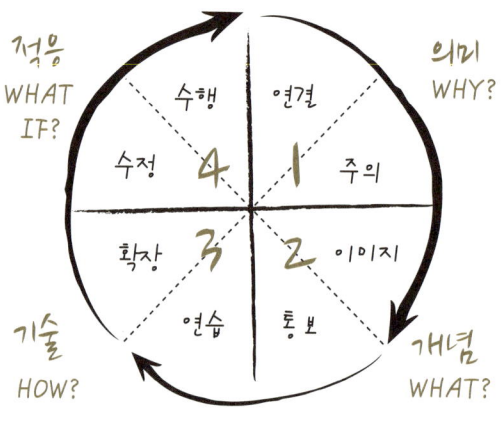

주의할 점은 너무 창의적인 발상에만 초점을 맞춰서 아이디어만 좋고 실현 가능성이 없는 이야기는 곤란하다. 아무리 좋고 창의적인 아이디어라도 회사에서 실행하기 어려운 아이디어는 높은 점수를 받기 힘들다. 실행이 전제되지 않은 아이디어 제시는 소모적인 논쟁과 억측만 키운다. 말 한마디를 하더라도 다각적인 고려와 충분한 생각의 숙성이 필요하다. 떠오른 아이디어가 현재 우리 회사의 여건을 고려할 때 실행이 가능한지, 구현할 수 있는 것인지를 따져보고 제안해야 한다. 물론 비판도 이와 같은 실행의 관점 그리고 대안을 고려하며 해야 한다.

하지만 실현될 수 없다고 아이디어의 발상을 막을 필요는 없다. 기술의 발전과 함께 실현 가능성은 높아지고 비용은 줄어들기 마련이다. 그러므로 아이디어는 많을수록 좋다. 다만, 그것을 실현이라는 필터링을 거쳐 기획으로 정돈이 되는 과정까지 가면 까다롭게 해야 한다. 그래야 여러 가지 비용이나 자원을 낭비하지 않을 수 있다.

미션 ❷ 수다로 설계도를 그리자 : 충분한 이야기를 통해 검증 받는다

처음과 끝이 있는 큰 그림을 그렸다면 이제 그것이 정말 재미있고 흥미를 끄는지, 정말 할 만한 일인지 누구에겐가 검증을 받아야 한다. 직장에서 기획회의 시간을 활용해도 좋지만 경쟁자가 있거나 기획안이 공모 형태일 경우에는 조심스럽다. 이 기획을 최종검증 받는 곳은 상사이거나 회사이긴 하지만, 그전에 먼저 가까운 사람이나 기획서를 많이 써본 믿을 만한 선배나 전문가에게 1차 검증을 받을 필요가 있다.

초등학교 때 배운 기본적인 글쓰기 분류법으로 볼 때 기획서는 '주장하는 글'과 '설명하는 글'의 중간 형태가 된다. 이런 글의 가장 중요한 사람은 내가 아니라 상대방이다. 내가 생각한 것을 받아들일지

안 받아들일지는 전적으로 이 글의 고객에게 달린 문제이기 때문에 가장 중요한 사람은 바로 상대방이다. 그래서 내가 생각한 이야기가 글이 되어 최종 고객에게 전해지기 전 타인에게 검증받는 일은 의미 있다.

제3자에게 잡담하듯 브리핑 해보라

수다나 잡담에도 힘이 있다. 두서없이 자기가 하고 싶은 말을 떠드는 것 같은 여자들의 수다에도 문제해결의 열쇠가 있다. 시어머니 때문에 스트레스를 받아서 하소연하는 친구에게 처음엔 함께 편들어주다가 "이렇게 해보면 어떠니?", "그럴 땐 이렇게 말해.", "나도 그래서 상처받았는데 한번은 이렇게 하니까 지금은 어머니도 조심하시더라." 하고 조언해 주는 일은 여자들 사이에선 흔한 일이다.

수다나 잡담이라는 말이 가벼워 보이고 비생산적으로 들릴지 모르지만 결국 직장에서 하는 토론, 토의, 회의도 이런 효과를 기대하고 하는 일들이다. 최고의 이야기를 만들기 위해서는 많은 이야기를 나누는 것이 좋다. 뭔가 좋은 결론에 도달하기까지 여러 사람이 이야기를 주고받다 보면 혼자 생각할 땐 하지 못했던 이야기들이 나온다. 그리고 상대방의 말을 듣는 중에 또 다른 생각, 또 다른 이야기, 또 다른 아이디어가 떠올라 신이 날 수도 있다.

말발이 좋은 건 의미가 없다. 토론을 즐기고 대화방식을 배우는 가운데 좋은 질문을 할 수 있고 좋은 질문에 대한 답변으로 이야기를 더 풍성하게 만들어갈 수 있게 된다. 생각이 안 나고 뭔가 막혀 있을 땐 글쓰기를 내려놓고 먼저 말을 해보자. 생각이 더 잘 나게 하는 데는 말하기보다 자극적인 일도 없을 것이다.

한 사람이라도 좋다. 만나기 힘들다면 전화통화로도 이야기해볼 수 있다. 내가 생각한 이야기를 전해보는 거다.

- "나 이런 생각 해봤는데 들어볼래?"

  너무 길지 않게 3분 정도로 정리해서 스토리를 전해보자. 설득할 수 있으려면 장황해서는 안 된다. 다 말하기도 전에 손사래를 칠지도 모른다. 재미있고 간결하게 전할 수 있어야 한다.

- "어때? 재미있지?", "이 아이디어 괜찮지?"

  그럼 상대방이 '재미있다', '흥미롭다', '괜찮겠다' 등의 답변을 내놓을 것이다. 긍정적인 답변이 더 많다면 용기를 가져도 좋다. 그럼 부정적인 답변을 듣는다면? 포기해야 할까? 어떤 일을 기획할 때 10가지 긍정적인 답변을 듣는다면 10가지의 부정적인 답변도 듣는다. 부정적인 답변 안에서도 좋은 의견을 건질 수 있다. 다양한 의견을 참고하되, 흔들리지 않아야 한다. 새로운 무언가를 만드는 일은 보는 사람에 따라서 의견이 얼마든지 다를 수 있다. 따라서 그 많은 의견 중 내 기획에 필요한 의견을 선택하고 집중해서 키워갈 수 있는 결정을 해야 한다. 사실 흠을 찾자면 흠 없는 일은 없다. 이런 일이 정답이 있는 것도 아니고 누구든 찬사도 비판도 할 수 있다. 비판에만 마음이 휩쓸려 시작도 못 하고 포기하지 않도록 한다. 기획에 대한 진심과 열정이 있다면 손 놓지 말고 계속 앞으로 나가야 한다.

- "한마디로 이거야."

그러다가 부정적인 반응처럼 들리지만 꼭 이렇게 질문하는 사람이 있다. "근데 이걸 하면 뭐가 좋다는 거야?" 이런 질문을 하는 사람이 있다면 일단 고마워해야 한다. 그건 "그래서 이 기획의 결론이 뭐야? 핵심 메시지가 뭐냐구?"라고 묻는 것과 같기 때문이다. 당연히 준비해야 할 답변이다. "한마디로 이걸 하면 돈이 된다는 거지.", "한마디로 이걸 하면 그 문제가 해결된다는 거지.", "한마디로 이걸 하면 숨어 있는 고객을 더 끌어들일 수 있다는 거지.", "한마디로 이걸 하면 불량률을 지금보다 낮출 수 있다는 거지.", "한마디로 이걸 하면 무모한 출혈 경쟁을 안 하고도 우리가 이득을 볼 수 있다는 거지." 이런 대답들이다.

- "구체적으로 이렇다는 거지."

"근데 그걸 어떻게 하겠다는 거야?" 하고 물을 때, "아직 더 검토해 봐야겠지만 구체적으로 이렇게 하면 될 것 같아."라고 입을 떼고 시작하는 말이 바로 구체적인 실행계획이라고 할 수 있다.

아마존닷컴 창업자인 제프 베조스 Jeffrey Preston Bezos 는 소매유통업에 일대 혁명을 가져온 인물로, 독특한 회의 방식으로도 유명하다. 회사의 임원진, 마케팅 전문가, 소프트웨어 관리자들이 앉은 자리 옆 중요한 위치에 빈 의자 하나를 더 가져다둔다. 그게 바로 고객의 자리라는 것이다. 그 빈 의자를 보며 회의 참석자들은 고객의 생각, 고객의 관점을 읽으려고 애쓰게 된다.

내 기획서를 실행할지 말지를 결정하는 사람이 내 기획서의 고객이다. 그 사람이 상사든, 클라이언트든 일단 '고객'이라고 설정한다. 기획자는 고객의 입장에서 그 일을 왜 해야 하는지 기획 배경을 정의하고, 해결책을 끌리는 한마디로 제시한다. 또한 그림이 그려지도록 세부적인 실행방안을 제안하고 고객이 이해할 수 있도록 그것을 기획서로 정리해 쓰는 것이다.

모든 것을 고객의 관점에 초점을 맞추어야 한다. 요즘 표현대로 하면 '고객에게 빙의되어야' 한다.

단단한 기획 '생각+말하기' 과정을 거친다
아직 기획서로 쓰지 않았다 뿐이지 그 모든 기획배경, 해결책, 세부적인 실행방안이 마련되면 비로소 글쓰기가 가능해진다. 물론 글을 쓰면서 더 생각나는 것도 있고 자료를 찾으면서 더 보충할 만한 내용도 있다. 하지만 스토리의 뼈대를 만들고 살을 붙여 풍성하게 만들 글의 재료들을 모두 모으는 건 '생각+말하기'의 과정을 거쳐야 분명 수월해진다. 그냥 무작정 컴퓨터 앞에 앉아 있다고 바로 쓸 수 있는 그야말로 '속성 비법'이란 정말 없다. 글쓰기는 맨 마지막 단계다. 그것도 이야기나 생각을 적당한 형식의 문서로 정리해서 여러 사람이 보게 하는 것이다. 많은 생각과 수다, 그리고 질문과 답변을 정리하는 가운데 글쓰기의 길이 보인다.

그러나 검증받는 과정이 여의치 않아 홀로 해내야 하는 상황이라면 그것도 방법은 있다. 스스로 질문지를 만드는 것이다. 내 고객이 나에게 물어볼 예상 질문들을 뽑아서 스스로 성실한 답변을 해보는 것이다. 기획회의에 참여한 경험이 있거나, 상사나 선배가 누군가의 기획서를 보거나 프레젠테이션을 듣고 툭툭 던졌던 질문들을 상기해보는 것도 도움이 된다.

(1) 왜 이걸 지금 우리가 해야 하는 거죠? (목적이나 목표)
 - 이런 상태, 이런 상황, 이런 결과를 얻기 위해서입니다.

(2) 지금 현실은 어떤가요? (현실직시)
 - 현재는 이러이러합니다.

(3) 현실적으로 그렇게 된 원인이 무엇이라고 생각하나요? (원인)
 - 이런 것들이 있습니다.

(4) 그럼 그걸 해결하기 위한 방법이 있나요? (해결방안)
 - 지금 제안하는 새로운 시스템을 실행하면 해결될 수 있습니다.

(5) 현실적으로 그게 가능하다고 보는 이유가 뭔가요?
 - 앞서 말씀드린 대로 현실은 그러하지만 콘셉트를 이렇게 잡으면 가능하다고 봅니다.

(6) 그 시스템을 실행하려면 무엇을 해야 하죠? (실행방안)
 - 이 콘셉트 아래 해야 할 일을 분류해서 말씀드리면 이와 같습니다.

이것은 기획서의 스토리를 만들 때 필요한 알맹이 질문들이다. 이와 같이 문제든 원인이든 해결방법이든 작은 단위로 잘라 생각하고 질문하면 빈틈을 발견하게 되고 허술한 논리를 좀더 단단하게 만들 수 있다.

미션 ❸ 완성된 집을 시뮬레이션하라 :
기획 전체의 결론, 핵심 메시지를 추출한다

모든 기획서에서 가장 중요한 것은 앞서 말한 "그런데 이걸 하면 뭐가 좋다는 거야?", "그래서 결론이 뭐야? 목적이 뭐야?"에 대한 해답이다. 이 기획서대로 했을 때 어떤 좋은 결과를 얻을 수 있는지가 명확해야 한다. 기획서의 평가자는 이 기획을 모두 실행했을 때 어떤 좋은 점이 있는지, 어떤 것을 기대할 수 있는지를 가장 궁금해한다. 기획서를 채택해서 실행하려고 하는 사람의 마음에 이 핵심 메시지가 와 닿아야 한다.

이런 새로운 목표든 문제를 해결할 대안이든 '결론'은 보통 앞에 나오는 것이 좋다. 사실 평가자가 가장 원하는 것은 이 답이기 때문이다. 이 답이 마음을 움직이는 작용을 하는 것이다. 앞으로 하려는 논리와 설득은 목표를 이루기 위해 사용하는 도구일 뿐이다.

효과적인 제목을 짓는 데 가장 좋은 훈련 방법은
신문기사의 제목을 유심히 보는 것이다.

핵심 메시지를 전하는 일은 간결하고 명확해야 한다. 중요한 사항에 대해 필요성과 방법, 그리고 비용, 기대 효과에 대해 간단 명확하게 정리해야 한다. 보통 기획서는 기승전결이 있어야 하는데, 도입부에 바로 결론, 즉 메시지의 핵심이 들어가야 한다.

제안서나 기획서의 목표는 읽는 사람을 설득해서 제안을 받아들이도록 하는 것이다. 그래서 도입부에 나오는 핵심 메시지가 얼마나 흡인력이 있느냐, 얼마나 재미있는 내용을 담고 있느냐가 중요하다. 읽는 사람이 더 자세히 보고 싶은 마음이 들며, 마음을 움직이게 하는 흥미로운 기획인가가 잘 드러나야 한다.

8할의 성공을 담은 효과적인 '제목' 생각하기

상대를 설득하기 위해서는 먼저 개요가 분명해야 한다. 문서 작성에 들어가기 전에 핵심이 무엇인지부터 명확히 결정한다. 그리고 그 핵심은 신문기사의 제목처럼 힘 있게 표현해야 설득력을 가질 수 있다. 특히 제안서의 경우는 제목이 매우 중요하다. 제목이 그 글의 80%를 차지한다고 해도 과언이 아니다.

좋은 제목을 짓는 능력은 하루아침에 생기지 않는다. 가장 좋은 훈련 방법은 신문을 볼 때 기사의 내용만 보는 것이 아니라 제목까지 유심히 보는 것이다. 가슴에 확 와 닿는 제목을 짓기 위해서는 기획서의 핵심 내용과 관련 있는 다양한 형태의 글을 수집해, 서론 재료로 쓰는 것도 좋은 방법이다. 첫인상을 기획 의도와 관련해 강하게 남길 수 있어야 한다.

스토리텔링에 성공하는 목차 구상하기

목차는 전체적인 구성의 표지판 역할을 한다고 볼 수 있다. 목차가 짜임새 있게 짜여져 있을 때 전체의 기획이나 제안 내용도 일관성 있게 구성될 수 있다. 기획서나 제안서는 상대방에게 얼마나 흥미롭게 다가가느냐가 관건이므로 '스토리텔링'을 잘해야 한다. 가장 중요한 핵심을 먼저 보여주고, 그 다음에 전체적인 경로를 알려줘야 효과적이다.

한 항목의 포인트 3가지로 압축하기

각각의 항목을 제시할 때, 한 항목의 포인트는 3가지를 넘지 않는 것이 좋다. 읽는 사람의 입장에서는 3가지 이상의 내용이 한 항목에 들어가 있으면 명료하게 정리되지 않는 편이다. 각 항목을 전체의 흐름에 따라 일목요연하게 만들되, 한 항목에 들어가는 포인트는 3가지 이하로 제한해서 압축하고, 각 항목의 끝에는 반드시 요약을 해줘야 한다. 선택과 집중을 통한 핵심 문장에는 구체적인 실행 계획에 대한 방법론이 들어 있어야 한다. 아이디어는 좋은데 실행 가능성이 없어 보이지는 않는지 다시 한번 검토해 보는 것이 중요하다.

미션 ❹ 자재를 구하라 : 기획 과제를 실행할 수 있는 논리적 자료를 찾는다

"좋다. 기획 의도도 알았고 기획대로 실행했을 때 뭐가 좋은지도 알겠다. 근데 난 아직도 그렇게 될 수 있다는 게 납득이 안 가. 그게 가능해? 어떻게? 이런 비슷한 사례가 있어? 그래서 성공했어? 나를 좀더 이해시키고 설득해 봐."

기획서를 보게 될 고객의 이런 채근은 당연하다. 이 프로젝트가 가져올 결과나 성과를 고객은 여전히 만족해하지 않는다. 뭔가 더 확신을 줄 만한 '이야기'를 기대한다. 앞서 2장에서는 스토리 라이팅을 위한 자료찾기를 말했다. 이외에도 논리적인 근거, 해야만 하는 당위를 객관적으로 뒷받침해 줄 객관적인 자료들이 필요하다. 기획서는 자기 아이디어로 시작되었다 하더라도 개인의 의견이 들어가는 건 별로 설득력이 없다. 감정에 치우친 주관적인 의견보다 객관적인 자료가 더 신뢰를 준다.

이런 자료를 모으는 건 스토리 자료를 구하는 일보다 어쩌면 더 시간과 노력이 많이 들어가는 부분이다. 좀더 정확해야 하고 최신의 자료여야 쓸모가 크기 때문이다. 우선 인터넷만 해도 자료가 방대하지만 기획서에 필요한 가치 있는 자료를 찾는 일은 간단하지 않다. 더구나 조사한 자료를 바탕으로 평가자가 공감할 수 있는 논리적인 문제해결 방식을 제시해야 한다.

평소 인터넷에서 개인의 관심과 업무영역에 맞는 자신만의 정보원을 갖고 있다면 제일 좋지만, 딱히 없을 때는 주요 검색 포털에서 키워드 검색을 하기보다 차라리 한국언론진흥재단에서 운영하는 언론자료 검색사이트 kinds.or.kr 와 같은 종합 뉴스 데이터베이스를 꼼꼼히 훑어보는 게 낫다. 의학이나 과학 같은 세부적인 전문 지식이 필요한 게 아니라면, 비즈니스 문서에서 다룰 수 있는 모든 소재의 트렌드는 10년 이상 내용이 축적된 종합일간지와 경제일간지의 데이터베이스가 유용하다. 하지만 그것만으로는 부족하다. 모니터에 뜨는, 누구나 볼 수 있는 '원문기사'만으로는 부족하다는 것이다. 일단 나열된 사실적 정보값과 그 행간을 읽어가면서 나만의 이야기를 만들어내야 한다.

그러나 책상 앞에 앉아 하염없이 모니터만을 바라보지 말고 때때로 밖으로 나가는 습관도 필요하다. 움직일 때 두뇌도 더 활성화되기 때문이다. 좀더 부지런을 떨어 도서관에 가는 것이 제일 좋다. 인터넷은 새로운 정보에 거의 무제한 접근이 허용된다는 강점이 있지만, 정확한 정보와 지식의 축적이라는 면에서는 도서관을 넘어설 수 없다. 매일 수십 종의 다양한 신간이 나오며 특히 순수학문 이외에 '설마 이런 것도?'라고 놀랄 만큼 다양한 실용학문 분야의 논문이 쏟아져 나오고 있다. 특히 다양한 분야의 학위논문들은 학문적 영역에서 어떤 평가를 받는지는 알 수 없어도 분명 기획에 유용한 지식과 정보가 될 수 있다.

완벽한 기획서는 없지만 완벽하게 보이는 기획서는 있다. 기획의 방향이 아무리 훌륭하다고 해도 논리적으로 뒷받침할 근거가 없으면 아무런 쓸모가 없다. 기획 단계에서 주어지는 자료는 물론이고 배경과 현상 등을 잘 분석해서 탄탄한 논리의 옷을 입혀야 한다. 그러려면 손품 발품을 제대로 팔아야 한다.

미션 ❺ 기둥을 세우고 지붕을 얹고 살을 붙여라 :
준비된 글쓰기의 시작

드라마를 보면, 다음에 어떤 일이 일어날지 예측할 수 없는 상황이 거듭될 때가 있다. 드라마 〈추적자〉로 자기 존재를 대중에게 알린 박경수 작가의 근작인 〈황금의 제국〉이 그랬다. 1990년부터 2010년까지 격동의 한국경제사 20년을 배경으로 한 이 드라마는 한 회 안에서도 여러 차례의 반전을 거듭해 시청자가 잠시도 TV 앞을 떠날 수 없게 만들었다. '식탁 위의 블록버스터'라고 했을 만큼 예측할 수 없는 상황을 드라마가 끝날 때까지 내내 유지했던 필력에 사람들은 열광했다.

우리는 이처럼 예측하지 못한 장면이 앞의 상황과 유기적으로 치밀하게 연결되어 있으면 '반전'이라 하지만, 어이없이 갑자기 튀어나온 상황이면 '막장'이라고 말한다. 드라마는 마지막 회까지 '예측'을 두고 싸우는 작가와 시청자간의 신경전이지만, 웰메이드 드라마와 막장 드라마의 차이를 만드는 것은 바로 스토리의 개연성에 있다. 시청자가 납득할 수 있는 줄거리냐 아니냐의 문제다. 생각지도 못하게 복선도 하나 없이 알고 보니 주인공 남녀가 남매였다거나, 주인공 남녀의 부모가 과거에 가슴 아프게 사랑하다 헤어진 사이였다거나 하는 갑작스런 전개는 시청자의 야유를 부른다.

찬사를 부를지 비난을 부를지는 대본이 아닌, 시놉시스에 달려 있다. 시놉시스는 드라마나 영화 같은 스토리가 있는 장르의 간단한 줄거리 또는 개요를 말한다. 막장 드라마가 되느냐 아니냐는 드라마가 제작되기 전부터 이미 결정된 거라고 보면 된다.

이제 정말 쓰는 일만 남았다. 고객의 입장에서 그 일을 왜 해야 하는지 기획 의도를 정의하고 기대 효과를 제시하고 제안할 수 있는 세부적인 실행방안이 마련되었다면 이제 글로 옮기기만 하면 된다. 그 전에 드라마의 시놉시스와 같은 구성의 절차가 남았다. 구성은 쉽게 목차로 말할 수 있는데, 노련한 상사는 목차만 봐도 그 기획서의 품질을 한눈에 파악할 수 있다.

글의 품질은 목차에서 드러난다

구성 방식은 수십 개다. 분명한 것은 상대를 이해시키려는 데 사용하는 구성은 간단할수록 효과적이라는 점이다. 논리를 발전시키기 위해 취하는 구성 중 가장 일반적인 것이 '소주제 - 소주제 - 소주제', '비판 - 주장', '현상 - 원인 - 해결책' 인데, 직장에서 쓰는 기획서에는 세 번째 것이 가장 많이 쓰인다.

꼭 기획서가 아니더라도, 대부분 실용적인 글을 쓸 때는 첫 단계가 '목차 잡기' 다. 글쓰기에서 목차 만들기는 짜임새 있는 글쓰기를 위한 필수적인 단계지만, 이게 종종 반대로 짜임새 있는 구성을 방해하기도 한다. 즉 기획서를 작성하는 이가 큰 그림을 그리는 입장에서 기획서를 써나가는 것이 아니라, 이 틀대로라면 한 항목 한 항목 그저 목차를 메워나간다는 심정으로 기획서를 작성하기 때문이다.

보통 제안서라고 이름 붙은 기획서들은 현상·문제점·원인·사례·대안·방법론 등을 차례로 쓴 후, 기대 효과와 일정을 보여주는 순서를 따른다. 사실 이런 기획서들은 받아보는 사람도 그렇고 써야 하는 사람도 그렇고 지루하기 짝이 없다. 상황과 필요에 따라 함께 그릴 그림의 가치를 공유하고, 그 그림을 그리기 위한 방법에 먼저 공감할 수 있도록 순서를 짜는 것이 더 효과적이다.

기획서 작성이 목차에 따라 분업화되는 경우이거나 이미 목차까지 분명하게 제시된 경우가 아니라면 이런 틀에 연연할 필요는 없다. '현황·문제점·대안' 또는 '전제(문제제기)·방법론(구상)·결론(기대효과)'과 같은 흐름으로 기술하겠다는 큰 줄기의 계획만을 세우는 것이 더 좋은 기획서가 될 수 있다. 중요한 것은 목차가 아니라, 어떻든 목표를 달성하고 좋은 결과를 가져오는 것이 아닌가.

정연한 논리가 읽히는 목차가 되려면!

기획서를 쓸 때 선택과 집중이 필요하다. 괜찮은 자료면 무엇이든 갖다 쓰는 욕심부터 버려야 한다. 욕심은 기획서 주제와 연관된 방대한 양의 자료를 모을 때부터 생긴다. 버리기 아까운 것이다. 그러나 중요한 것은 주제가 아니라 논리다.

논리를 세우려면 자신이 이 기획서를 쓰려는 취지부터 결론에 이를 때까지 논리가 정연해야 한다. 그 논리의 흐름을 일목요연하게 보여주는 것이 목차다. 목차는 기획서를 읽는 사람에게 내용을 빠르게 인지시키는 효과도 있지만, 글을 쓰는 사람이 본인의 논리에 맞지 않는 엉뚱한 방향으로 기획서를 쓰지 않도록 방향을 잡아주는 이정표 역할도 한다. 만약 어떤 저자가 기획서의 논지를 확정하고 줄거리를 잡아본다면 자신의 글이 어떻게 진행될 것인가를 파악할 수 있다. 줄거리를 대강 잡아 성급히 시작하는 것보다는 시간을 두고 더 나은 내용의 줄거리를 만드는 것이 더 타당한 글이 된다.

목차를 잡고, 그에 맞는 참고자료를 찾아 논리를 뒷받침할 만한 내용을 발췌하라. 버리지 못해 끼워 넣은 한 줄 한 줄이 기획서의 질을 점점 떨어뜨릴 수 있다는 점을 잊지 않는다.

 기획서의 큰 제목과 이야기의 큰 줄기가 마련되면 그에 맞는 세부 목차를 작성해야 한다. 목차는 줄기에서 가지들이 뻗어나가는 순서와 같다. 항목의 단순 나열이 아니라, 굵은 가지들의 순서와 그 아래로 뻗은 가느다란 가지들의 상하 관계를 유기적으로 배열해야 하는 것이다.
 아무리 좋은 논리와 참고자료가 있다 한들, 각각의 논리들이 따로 떨어져 있으면 단단한 구성이 되지 못한다. 중요한 것은 연결고리다. A-1, A-2의 설명이 뒷받침되어 A라는 논리가 완성되어야 하고, A, B, C라는 논리가 이어져 하나의 결론이 도출되어야 한다. 결론이 앞에 나오는 방식이라도 마찬가지다. 이미 도출된 결론을 앞에 내세우고, 그것을 설명하는 A, B, C가 논리적으로 나와주어야 한다.

사실의 나열 사이에 '개연성'을 심는다

 스토리 편집의 힘을 발휘한 기획서, 제안서, 자기소개서들은 인상적인 스토리에 목마른 상사, 혹은 클라이언트, 인사담당자 등에게 크게 환영받는다. 애플 신제품에서는 스티브 잡스 Steven Paul Jobs 의 드라마틱한 스토리가 여전히 묻어 나온다. 미국 최초 흑인 대통령 오바마에게는 어린 시절 좌절을 딛고 일어선 세계 청소년의 롤 모델 스토리가 배어 나온다.

스토리를 구성하는 요소는 어떤 면에서는 과학적이고 구조적인 뼈대를 가지고 있다. 수많은 이야기는 구조적으로 구성되어 있다. 스토리를 만들어내기가 쉬운 일은 아니지만 이런 뼈대나 구조화된 틀이 있다면 아무래도 스토리를 훨씬 수월하게 만들어낼 수 있다.

사람들이 즐기는 스토리의 기본 구조는 고난에 빠진 주인공이 위험을 무릅쓰면서 끝없이 도전한 끝에 위대한 성취를 이루는 해피엔딩이다. 독자나 관객은 주인공의 도전과 악한의 음모에 감정이입되면서 마음을 졸이고 분노한다.

스토리는 사실을 단순하게 나열한 게 아니다. 사실의 단순 나열은 정보의 무작위적인 배치일 뿐이다. 영국 소설가 포스터^{E.M. Forster, 1879~1970}는 "'왕 사망, 왕비 사망'이라는 사실을 '왕이 죽었고 그다음 왕비도 죽었다'라는 스토리로 바꿀 수 있고, 더 나아가 '왕이 죽자 슬픔에 겨워 왕비도 죽었다'라는 사건 플롯으로 발전시킬 수 있다."라고 말하며 스토리의 중요성을 강조했다.

'왕이 죽자 왕비도 슬픔에 겨워 죽었다.' 이 한 줄에서만 봐도 시간의 흐름에 따라 앞뒤 인과관계가 들어 있다. 그러다 보면 그 앞에 왕은 왜 죽었는지 궁금증을 유발하는 스토리가 더해질 수 있다. 이런 식으로 논리적인 근거를 대며 플롯 편집을 입체적으로 하면 그게 바로 스토리텔링이고, 그것을 글로 쓰면 스토리 라이팅이다.

앞뒤 맥락이 분명하고 사건이 일어난 원인과 결과가 자연스러운 이야기의 향연은 사람을 절로 빠져들게 한다. 보편적 감동을 동반한 이런 스토리는 대중의 뇌리에 쏙 들어온다. 그래서 비즈니스 라이팅 문서가 매력적인 콘텐츠가 되려면 스토리를 입혀야 한다. 좋은 스토리는 기획서의 평가자 마음부터 사로잡아 '그래 좋았어. 해보자.', '야, 이거 될 것 같아.' 하는 생각이 들게 만들어야 한다. '어떻게 그런 생각을 했냐?' 하는 말까지 하도록 메시지에 부가가치가 생기게 해야 한다.

그러기 위해선 조금 용기를 가져도 좋다. 우리에게도 인기 있는 만화영화 〈톰과 제리〉, 〈배트맨〉의 제작자이자 애니메이션 프로듀서인 샌더 슈워츠 Sander Schwartz 는 스토리텔링은 재능이나 예술이기보다 연습과 교육을 통해 충분히 기를 수 있다고 말했다. 작가는 스토리를 쓰기 전에 조사를 철저히 해야 등장인물을 모두 이해하고 논리적으로 스토리를 전개해 나갈 수 있다는 것이다.

주목받는 스토리의 조건

첫째, 재미있는 이야기는 탄탄한 구조를 통해 이야기의 기승전결이 명확하다.

둘째, 등장인물 중 주인공과 적대자의 캐릭터를 명확하게 설정해야 한다.

셋째, 반전의 묘미를 살려서 독자를 열광시켜라.

넷째, 고난과 시련을 통한 공감대를 형성하라.

다섯째, 독자는 알고 주인공은 모르는 아이러니의 효과를 극대화한다.

스토리를 스타일링하는 두 가지 방법

'단순한 사실들'을 무채색 내의를 입은 몸이라고 가정했을 때, 스토리는 형형색색 다채로운 디자인을 가진 옷이라고 할 수 있다. 이것을 어떻게 입힐 것인지 고민해야 한다.

▶ **빅 스토리 메이킹** : 전체 컨셉트를 스토리 라이팅하는 방법이다. 사실 잘 만들어진 문서는 그 자체가 스토리텔링이긴 하지만, 조금 더 말랑말랑하고 쉽게 다가갈 수 있기 위해선 문서 전체를 관통하는 하나의 큰 스토리를 갖고 시작한다. 이것은 글의 구성 단계부터 염두에 두면 좋다. 메시지와 플롯을 만들고 등장인물을 탄생시켜 그 안에서 고난을 겪고 성공하게 만드는 스토리텔링이 있어야 한다.

컨셉트가 '마라톤'이라면 마라토너의 고난과 성공기가 스토리로 만들어질 것이다. 컨셉트가 '출발'이라면 등장인물이 새로운 것을 배우는 첫날의 모습들을 스토리로 만들 수 있을 것이다.

▶ **포인트 스토리 메이킹** : 컨셉트를 도출하기 위해 부분적으로 스토리 라이팅하는 방법이다. 부분적으로 그때그때 스토리를 만들거나

밖에서 찾은 스토리를 잘 가공해서 녹인다. 예를 들면 신제품의 소비 타깃층의 성향만을 스토리화한다거나 타사 제품과 비교하여 경쟁력 있는 부분을 스토리화하는 식이다.

광고를 통해서 본 스토리 스타일링 사례
(1) 숫자

비즈니스 세계에서 숫자는 신뢰감을 준다. 긴 문장보다 더 빨리 사람들 머릿속에 자리잡는데, 그 숫자에 스토리가 있는 건 기억하기가 더 쉽다. 구체적으로 제품의 이름 자체에 숫자를 붙일 수도 있고, 제품 광고를 숫자에 연결시키면 소비자가 제품을 빨리 인식하고 제품의 특징적 장점을 쉽게 받아들이기 때문에 상품의 가치를 창출한다.

"7초의 실용" - 합리적 소비를 생각하게 했던 삼성카드
"골프 18홀을 65타에 칠 수 있게 해주는 와인"
 - 드림 스코어로 스토리텔링한 1865 와인
"31가지 맛 아이스크림" - 베스킨라빈스 31
"20세의 치아를 80세까지 유지한다" - 2080 치약

(2) 연결

우리 주위에서 쉽게 찾을 수 있는 이야기를 발굴한다. 너무 거시적이거나 손에 잡히지 않는 이야기 말고 내 이야기, 우리 이웃 이야기,

직장 동료 이야기 등 좀더 구체적인 이야기가 좋다.

"핑크색 커피트럭 청년" - 빠른 광대역 서비스를 홍보하는 KT
"자네도 채워" - 아르바이트 청년을 응원하는 박카스

(3) 감성

"감각이 늘어진다"는 말을 듣지 않으려면 이성적 정보를 잘 처리하는 것보다 감성적 정보를 잘 처리해야 한다. 비즈니스 문서는 이성적인 단어들과 논리적인 전개가 필수이지만, 그 안에 포함되는 전략이나 전술은 감성과 감각을 최대한 동원한 것이어야 한다. 제품이라면 타깃층의 감성을 고려한 감성적인 단어나 문장을 사용한다. 컨셉트에 맞는 따뜻하고도 공감 가는 스토리를 발굴하는 것도 좋다. 쉽게 지나칠 수 있는 오감에 집중한 스토리텔링도 좋다.

"세상에서 가장 작은 카페, 카누" - 동서식품
"엄마를 쉬게 하자" - 즉석조리 식품 아워홈
"두면 고물 주면 보물" - 아름다운 가게
"앉으면 소리가 난다" - 방귀방석
"봄철 전용 수분크림" - 라라베시 벚꽃핑크

(4) 비교

비교할 대상을 골라 비교우위의 차별점을 보여주어야 한다. 전체와 부분을 비교할 수도 있고 타인과 자신을 비교할 수도 있다. 어제와 오늘의 모습을 스토리화할 수도 있고 현재와 미래를 스토리화할 수도 있다.

"내가 잘 사는 이유" - 쿠팡을 패러디한 위메프
"자판기 앞에서 코카콜라를 밟고 펩시를 뽑아 마시는 아이"
 - 코카콜라를 겨냥한 펩시
"맛은 사라지지 않는다. 맛은 쌓인다. 백설"편 - CJ 백설

스토리텔링이든 스토리 라이팅이든 기획에서 중요한 건 스토리에 치중하다가 길을 잃고 할 이야기를 못 해서는 안 된다는 점이다. 스토리를 끌어들이는 글쓰기는 단지 이야기만 하는 이야기꾼으로 머물지 말고 이야기를 하는 목적이나 효과를 계속 의식하며 집중해야 한다. 단순한 사실만 나열하는 스토리라면 전달력과 이해력에서 집중도가 떨어지기 때문에 이를 줄이는 완충제로 사용해야 한다. 이야기 자체가 목적이 되면 장황해질 뿐 중심을 잃는 수가 있다. 길고도 아무 쓸모없는 논리 대신, 요점이 들어 있는 짧은 이야기로 장황한 설명을 대신하는 식이다.

글을 쓸 때 되도록 처음부터 끝까지 한 호흡에 쓴다고 생각할 정도로 일사천리로 쓰는 것이 좋다. 더욱 효과적인 설득과 공감을 위해 그 항목과 순서를 재구성해서 더 나은 모양으로 개선될 수 있도록 하는

것이 좋다. 그래서 초고는 되도록 단숨에, 정해진 시간 안에 쓴다. 한 장 한 장 100% 완전하게 쓰고 넘어가려면 금방 지쳐서 일찌감치 나가떨어진다. 거칠더라도 전체를 한번 끝까지 써보고, 그후 다시 차근차근 고쳐나가는 것이 훨씬 효율적이다. 겁내지 않고 목표를 확실히 정하고 차근차근 한 가지씩 접근해 가는 훈련을 하다 보면 글쓰기에도 더 자신감을 얻게 될 것이다.

4장

소소하게 도전하는 실전 스토리 라이팅

내가 가장 잘 아는
이야기부터 쓴다

스토리 라이팅이라고 해도 대단할 것 없다. 우리 삶이 모두 하나의 스토리이고, 우리 일상에서 벌어지는 그 모든 것이 스토리가 아닌 것이 없기 때문이다. 〈토지〉나 〈태백산맥〉 같은 대단한 서사적 구조가 있어야만 하는 건 아니다. 기억에 확실하게 남을 수 있는 아주 재밌거나 슬픈 구조가 있어야 하는 것도 아니다. 그러한 모든 스토리의 전형과도 같은 이야기에 대한 부담을 버리고 소소한 일상이 모두 소중한 스토리임을 상기하자.

가까운 곳에서 스토리의 소재를 찾아 글을 쓰면 스토리 라이팅이 한결 편하다. 하루 일과를 떠올리고 정리해 보는 글을 매일 쓰는 건 그래서 의미 있다. 단편적인 머릿속 생각만 쓰지 말고 그날그날 본 것, 들은 것, 경험한 것을 중심으로 글을 쓰다 보면 그 글은 모두 스토리를 가진 글이 된다.

글을 쓴다는 것은 굉장히 정적인 활동이지만 정신적으로 굉장히 역동적인 영향을 준다. 일기를 적고 나면 이상하게 뭔가 스트레스가 풀리고 마음이 위로받고 치유 받는 느낌이 드는 것도 그 때문이다. 몸은 가만히 있었는데 정신은 큰 운동을 한 것처럼 개운해지는 경험을 글쓰기를 하면 자주 할 수 있다. 누가 시키지도 않았는데 날마다 하루의 생활을 글로 정리하는 것이 습관이 된 사람들은 그런 경험이 새로운 힘이 되기 때문이라고 말한다.

무엇보다 일기는 모든 글쓰기의 바탕이다. 내용과 형식에 구애받지 않고 쓸 수 있고, 솔직한 자기 표현이 가능하고, 엄청나게 많은 글감을 모두 다룰 수 있다. 그날의 이야기 가운데 무엇을 글감으로 하느냐에 따라 여러 가지 글쓰기 연습이 모두 가능하다. 읽은 책을 내용으로 쓰면 독후감이 되고, 그날 본 신문기사에 대한 내 생각을 쓴다면 또 다른 칼럼이나 수필이 될 수 있다. 주말과 휴일을 이용해서 도시농부가 되어 옥상이나 주변 자투리 땅에 농사짓는 이야기를 쓴다면 영농일지이다. 유동인구가 많은 곳에 가서 사람들의 행동을 관찰하거나 인터뷰하거나 설문조사를 한 이야기를 정리한다면 그건 시장조사 자료가 된다.

일기는 모든 글쓰기의 잠재력을 쌓고 자신감을 기르는 소중한 공간이다. 갑자기 기획서를 어떻게 잘 쓸까, 어떻게 속성으로 배워볼까 하며 노하우를 찾는다고 글쓰기의 자신감이 생기는 것이 아니다. 어떤 소재든 어떤 형식이든 날마다 일기를 써보자. 이것만 잘되면 다른 글을 쓰는 일에 두려움이 사라진다. 한 달만 매일 써도 그전보다 '뭔가 다르다'는 느낌을 실감할 수 있을 것이다.

관찰 & 묘사를 활용하여 매일 쓴다

보통 하루 일을 글로 정리하려면 경험한 일과 중에서 가장 생생하게 기억하는 일 중심으로 쓰게 마련이다. 그런데 그러다 보면 초등학생 같은 푸념이 나올지 모른다.

"아침 일찍 일어나서 밥 먹고 학교 가고 공부하고 학교 끝나면 학원 가서 또 공부하고 또 공부하고 집에 와서 자는데… 매일 그날이 그날인데 뭐 특별히 쓸 게 있어야 말이지."

하루가 늘 똑같다고 생각하는 사람은 대개 이런 넋두리를 빼놓지 않는다. 글을 쓰는 의미를 찾지 못하는 것인데 정말 우리의 하루하루는 똑같을까? 초등학생처럼 한두 문장으로 하루를 '한 방'에 정리한다면 하루는 매일매일 똑같을 수 있다.

"아침에 일어나 식사하고 출근해서 오전 업무 마치면 점심 먹고 오후 업무 하고 야근하고 퇴근해서 녹초가 되어 집에 돌아온다."

세계적인 디자인컨설턴트 얀 칩체이스Jan Chipchase는 한국, 일본, 미국, 유럽의 여러 기업들의 제품을 컨설팅해준다. 기업에서 컨설팅 의뢰를 하면 현지로 날아가서 그 나라 사람들의 풍속과 습속 그리고 생활 패턴과 문화를 낱낱이 조사한다. 그런 다음 어떤 제품이 좋고 어떻게 접근하고 어떤 제품을 만들거나 서비스를 어떻게 하는 것이 좋다고 조언한다. 뉴욕에서 살던 사람이 아프리카의 작은 나라에 가서 그 나라의 사람도 깨닫지 못하는 부분까지 세심하게 잡아낼 수 있는 비결은 무엇일까? 얀 칩체이스는 〈관찰의 힘The Power of Observation〉이라는 책을 통해 그 비결을 공개하고 있다.

얀 칩체이스는 좋은 카메라를 사서 사람들을 관찰하는 데 사용한다. 사람들이 돈을 내고 기름을 넣는 모습이나 신용카드를 꺼내는 모습 등의 지극히 평범한 행동 하나하나를 지켜본다. 그는 평범함 속에서 혁신이 나온다고 말한다. 우리가 매일 보고 만지고 사용하지만 한 번도 '왜?'라고 묻지 않았던 것들을 관찰하면서 '왜?'를 이끌어내고 그 답을 해주는 과정을 〈관찰의 힘〉에 담고 있다.

글도 마찬가지다. 관찰이 글쓰기의 큰 힘이다. 자기 생각을 글로 쓰는 일이 어렵고 뭘 써야 할지 모른다면 먼저 세심하게 관찰하는 눈을 갖는다. 하루에 접하는 어떤 사건이든, 한 사람의 행동이든 자기 생각을 써야 하는 부담을 내려놓고 찬찬히 관찰한 것만 써보자. 눈으로 보는 듯하게 묘사만 해도 훌륭한 스토리이고 좋은 글이 된다. 좋은 문장을 써보고 싶은 욕심이 앞서서 어설프게 이런저런 수사가 가득한 글보다 훨씬 정직하고 간결한 글이 된다.

묘사는 그 자체가 실감나는 이야기다

미술이 형체에 의해서 전달되고 음악이 성음에 의해서 전달되는 것처럼 문학은 감성이 문자로 바뀌어 전달된다. 글의 묘사는 독자에게 그 내용을 진솔하고 명확하게 잘 전달하는 것이 우선이다. 그 다음에 독자에게 정감을 주고 감동을 자아낼 수 있도록 아름답게 표현하는 수사가 필요하다. 하지만 글을 잘 쓴다고 말하는 것은 지나치게 미사여구를 사용하여 화려하게 장식한 것이 아니다. 갖은 미사여구로 글을 화려하게 꾸미려다가 정작 하고 싶은 말이 뭔지 모르게 쓰면 소용이 없다. 수사는 최소한의 꾸밈이라고 생각하고 써야 한다. 수사법을 잘 활용하지 못하고 어렵다면 차라리 안 하는 것이 글에 더 이롭다.

묘사는 글쓴이가 인상 깊게 느낀 것을 감각적으로 그려내며, 대상을 세부적으로 그려내어 실감나게 전달하는 방식이다. 묘사한 것 자체가 '실감나는 이야기'다. 재미있는 이야기를 잘하는 사람일수록 사건이나 상황을 드라마 보듯 그린다. 목소리 변조, 의성어와 의태어를 동원하고, 표정을 상황에 맞게 바꾸고 몸으로 말하기도 한다. 듣는 사람이 그 이야기에 빠져들지 않을 수 없다.

흔히 좋은 글에 대한 조언을 보면 '서술하지 말고 묘사하라'고 한다. 왜 그럴까. 앞서 말한 '실감' 때문이다. '실감난다'는 건 그야말로 '피부에 와 닿는다'는 말이다. '마땅치 않은 표정이다', '웃는 모습이 사랑스러웠다'라는 표현보다 '미간을 찌푸렸다', '웃으니 눈이 금방 반달 모양이 되었다'라고 쓰면 글을 읽는 사람이 '실제로 보는' 느낌이 강하다. 정적이기 보다는 확실히 동적인 생동감이 있다.

우리나라에서 묘사를 탁월하게 하는 작가로 김훈을 첫손에 꼽는다.

> 칸의 눈매는 날카롭고 광채가 번득였다. 상대를 녹일 듯이 뜨겁게 바라보았다. 아무도 칸의 시선을 맞추지 못했다. 칸의 결정은 신속하고 단호했다. 칸은 구운 오리고기에서 뼈를 발라내며 군대의 진퇴를 결정했고, 입을 오물거려 오리뼈를 뱉으며 명령을 내렸다. 그는 사냥개를 좋아해서 목고와 티베트에서 싸지 종자를 구했다. 부족장들은 고을을 뒤져 영특한 개를 찾아서 바쳤다. 혓바닥이 뜨겁고 콧구멍이 차가우며 발바닥이 새카맣고 똥구멍이 분홍색이고 귓속이 맑은 개를 칸은 으뜸으로 여겼다. 개들은 깡마르면서도 날쌨고, 사납고도 온순했다.
> - 김훈의 〈남한산성〉 중에서

눈덮인 행궁 골기와 위에서 초저녁 어둠이 새파랬다. 내행전 구들을 달구는 장작불 연기가 퍼졌다. 푸른 연기가 흐린 어둠 속으로 흘러갔다. 삭정이 타는 냄새가 향기로웠고 침소 방바닥은 따스했다. 임금이 옷을 벗느라 버느적거리는 소리가 마루까지 들렸다. 사관이 붓을 들어 하루를 정리했다.

- 김훈의 〈남한산성〉 중에서

눈으로 본 듯이 묘사하는 글은 김훈 글쓰기의 힘이다. 땀구멍까지 보일 정도로 눈을 바짝 들이댄 것같이 묘사할 때도 있지만, 때로는 멀리서 열기구라도 타고 높은 곳에서 아래를 조감하듯 묘사하기도 한다. 또 가슴이라도 열어젖힌 듯 보이지 않는 사람의 마음속을 세밀하게 현미경을 들이댄 듯 그려내기도 한다.

김훈은 한 인터뷰(조선일보 2004. 8. 15)에서 이렇게 말한 적이 있다.
"나는 물건을 눈으로 보지 않으면 글을 쓰기 굉장히 어려워하는 사람이다. 〈칼의 노래〉를 쓸 때는 칼, 투구, 갑옷, 구석기 유물, 불도저, 포클레인을 다 들여다봤다. 의과대학에서 해부학 책도 봤다. 내겐 굉장히 중요한 책이다. '화장'(단편)을 쓸 때는 여성지 화장품 광고도 유심히 보고 상상력을 얻었다. (중략) 사실을 진술하는 언어, 의견을 진술하는 언어가 일치하지 않는 것은 개발도상국의 언어라고 생각한다."

사람을 관찰하고 사건을 관찰하고 현상을 관찰하고 행동을 관찰하고 심리를 관찰하면 무엇을 써야 할지 몰라서 못 쓰는 일은 생기지 않는다. 관찰하는 눈이 예리해지고 전에는 무심코 지나치거나 잘 안 보

이던 것들이 눈에 들어오기 시작하면 자연히 자기 생각이 더불어 싹
튼다. 억지로 잘 쓰려고 하지 말고 우선 보이는 것과 들리는 것을 중
심으로 매일 기록해 본다.

일기는 스토리 라이팅 연습장, 내 안의 독자를 만나라

그림을 그리듯 하는 묘사가 중요한 건, 글을 읽는 독자가 나와 다
른 상상을 하면 곤란하기 때문이다. '이 정도로 표현하면 알아보겠
지.' 하며 경중경중 서술만 하고 지나가면 오해할 수 있다. 우리가 책
이나 영화를 볼 때 작가나 감독이 '참 불친절하다'고 생각할 때가 있
는데, 이는 표현이 부족하기 때문이다. 왜 이걸 이렇게 표현했느냐고
물으면 감독은 '그건 복선이었다'라거나 '이런 의도가 있었기 때문에
그랬다'고 설명한다. 그건 감독 스스로만 아는 것일 뿐 관객이 전혀
알 수 없었다면 실패한 표현이다.

'나 혼자 볼 일기인데 아무렴 어떠냐'라고 생각할 수도 있다. 하지
만 지금부터 하려는 일기 쓰기는 글쓰기 연습장이다. '내 글을 처음
보는 독자'의 모습도 내 안에 가지고 써야 한다. 뭔 말인지 모르게 쓰
거나 오해가 생길 만하다면 고쳐야 한다. 독자가 엉뚱한 해석을 해서
전혀 다른 이야기를 상상하게 해서는 안 된다. 그러려면 상황을 입체
적으로 그림 그리듯 글쓰기를 해야 한다.

우리가 책으로 먼저 접한 영화들에 자주 실망하는 것도 그 때문이다. 소설을 볼 땐 너무 생생하고 흥미진진해서 기대했는데, 막상 영화를 보니 장면이나 표현이 섬세하지 못하고 어쩐지 띄엄띄엄한 게 엉성하다는 느낌을 지울 수 없다. 폴커 슐렌도르프Volker Schlondorff 의 영화 〈양철북〉은 오래된 영화이긴 하지만 당시 꽤 호평을 받은 영화다. 하지만 원작인 귄터 그라스Gunter Wilhelm Grass 의 〈양철북Die Blechtrommel〉을 읽은 많은 사람들은 실망하기도 했다. 양철북은 그 첫 장부터 세밀화를 그리듯 엄청난 묘사력을 자랑하기 때문이다. 한두 장면으로 해결해야 하는 영상이 당해낼 재간이 없다. 아무리 영상이 리얼하다 해도 세공 수준의 표현력이 가능한 글을 따라잡을 수가 없다. 두 시간 안팎의 러닝타임이 갖는 한계도 있지만 글이 갖는 무한대의 표현력 때문이다.

하지만 묘사에 너무 집중해도 곤란하다. 귄터 그라스의 〈양철북〉은 앞서 말한 대로 첫 장부터 독자를 시험에 들게 한다. 빨리 다음 이야기를 알고 싶은데 장면이 안 넘어가고 설명하고 묘사하기를 반복한다. 이 지루함을 견뎌내야 이 책을 완독할 수 있다.

우리가 보통 일상에서 글을 쓸 때 지나치게 묘사에 치중할 수는 없다. 그림을 그리듯 쓰라는 것은 상황을 죽 나열하라는 것이 아니다. 어떤 문장에서 글을 읽는 사람이 상황을 파악할 수 있게 중요한 것을 놓치지 말고 짚어나가야 한다는 의미이다. 지나치게 묘사에 의존하면 글의 속도감이 떨어진다. 다음으로 넘어가지 못하고 한 장면에 머무르게 되기 때문이다. 또한 포인트가 되는 것은 수시로 상기시켜 줘야 한다. 지금 머물고 있는 곳이 어딘지, 맨 앞에 한 번 썼기 때문에 반복이나 중복이 된다고 해서 다시는 안 쓰는 게 능사가 아니다. 영화나 드라마도 중간중간 회상 장면이 나와 초기의 조건을 암시하는 대사들을 끼워넣는다. 긴 글일 때 중간에 다른 방법으로라도 그 장소를 알 수 있는 간접 묘사나 간단한 수식어가 필요하다. 제안서든 의견서든 내가 이 글을 왜 쓰는지, 왜 내 말이 중요한지 한 번 더 상기시킬 필요가 있는 것처럼 말이다.

글을 읽는 사람이 이해하지 못하는 일을 방지하려면 그림을 그리듯 충분히 짚어보는 것이며 그 상황에 직접 들어가서 살펴보면 좋다. 그러면 글이 풍성해지고, 이해도가 높아지며, 새로운 아이디어가 추가된다.

글을 쓴다는 것은 따지고 보면, 주변의 평범한 일상에서 비범한 진리를 발견해 내는 일이다. 삶에 대한 보람을 추구하고 사물에 대한 애정을 느끼는 사람은 글의 소재를 언제 어디서든 풍부하게 얻을 수 있다. 우리가 단순하게 보고 들은 것이라도 신선한 발상을 가미하면 좋은 소재가 될 수 있다. 날마다 보고 듣고 경험한 것을 중심으로 글쓰는 일에 조금 변화를 주고 싶다면 하루 스토리 라이팅에서 쓸 수 있는 글감을 정리해 보자.

실전 스토리 ❶

옷차림에 대해

옷차림만 기억되는 사람이 되지 않으려면 업무를 잘해야 하는 건 기본이다. 예의나 업무 적합도, 이미지와 관련하여 생각하면 매일매일 직장인들은 옷차림이 신경 쓰인다. 그날 입은 옷에 대한 이야기가 한 편의 글이 될 수 있다.

그 옷을 구매했던 당시에 얽힌 이야기, 그 옷을 구매하게 된 동기, 그 옷에 대한 애착 정도, 그 옷과 관련된 또 다른 에피소드, 그 옷을 입으면 달라지는 특별한 기분 등을 써볼 수 있다.

반대로 회사의 동료가 입은 옷차림에 대해서도 쓸 수 있다. 잘 어울리는 새 옷을 입고 출근한 동료 이야기, 몰라볼 정도로 스타일에 큰 변화를 주고 출근한 동료 이야기, 회사의 중요한 행사일에 드러나지 않았던 패션 감각을 뽐냈던 동료 이야기, 단벌 양복이지만 셔츠와 넥타이로 변화를 준 멋쟁이 상사의 옷차림 이야기, 정말 저건 안 입었으면 하는 동료의 워스트 패션 이야기.

옷차림 하나만으로도 얼마든지 많은 이야기를 써볼 수 있다. 글 쓸 소재는 언제나 가까운 곳에 있다. 내 몸과 가장 가까이 붙어 있는 '옷' 이야기부터 써보자.

실전 스토리 ❷

식사 대접과 접대에 대해

식사시간은 많은 이야기가 나올 수 있는 좋은 글감을 얻는 때이다. 나 홀로 먹는 이야기도 좋지만 함께 먹는 이야기에선 더 풍성한 스토리가 있다. 식사하면서 사람과 사람이 만드는 이야기가 많기 때문이다.

식사를 하며 나누었던 대화, 식사를 하며 생긴 흐뭇하거나 불쾌했던 에피소드, 음식보다 함께 식사한 사람에게 더 관심이 많았던 이야기, 대접이나 접대를 위해 자주 찾는 단골집 이야기, 갑의 위치에서 식사 대접 받은 이야기, 을의 위치에서 식사 대접을 해야 했던 이야기, 식사 습관에 관한 이야기, 음식 메뉴에 대한 이야기, 구내식당 이야기, 식당 종업원의 서비스에 대한 이야기, 좋아하는 음식이나 싫어하는 음식에 대한 이야기, 음식 유래나 조리법에 대한 이야기, 무궁무진하다.

그날 먹은 음식 사진을 찍어 SNS에 올리며 은근히 자랑하는 것에서 그치지 말자. 식사 경험을 다양하게 글로 기록하여 스토리 라이팅의 내공을 한 뼘 더 키워보자.

실전 스토리 ❸

독서에 대해

책은 스토리의 보고다. 스토리 발굴이라는 차원에서 매일 하루 일기를 정리하기 전 다양한 독서를 해보자. 그리고 독서에서 얻은 스토리를 기록해 보자. 정보습득과 학습이라는 필요에 맞춘 독서라도 자기 필요에 의한 독서와 그 기록은 쌓이면 큰 재산이 된다.

하지만 책은 폭넓게 읽을수록 좋다. 대대적인 경영 혁신에 나선 경영자의 성공한 CEO 이야기를 읽기보다, 〈논어論語〉를 읽다가 방법을 찾는다. 슬럼프에 빠진 프로 선수가 난치병과 싸우다가 끝내 세상을 떠난 어린아이의 일기를 읽고 힘을 내 재기에 성공하기도 한다. 최첨단 기술개발의 벽에 부딪쳐 고민하던 연구원이 우연히 고전문학을 읽고 돌파구를 찾는 경우도 있다. 부모와 사이가 나빠 절망하고 갈등하던 사람이 반려동물에 대한 책을 읽고 부모와 극적으로 소통하기도 한다.

실제로 어떤 책의 어떤 정보가 누구에게 어떤 '해결책'을 제시할지는 정확히 알 수 없다. 의외의 책에서 해결책을 찾는 경우도 많다. 다양한 분야의 책을 읽고 그 안에서 자신에게 울림을 주는 스토리를 찾아 기록하다 보면 그때그때 필요한 부분에 대한 해답을 찾기는 한결 쉬워질 것이다.

실전 스토리 ❹

어려움에 대해

크고 작은 어려움을 하루도 안 만나는 날은 정말 운수대통한 날이다. 출근부터 퇴근할 때까지 업무와 관련된 것은 물론이고 그밖에도 일상 속에서 어려움은 늘 있다. 긴 출퇴근 시간의 어려움, 싫은 동료와 함께 일해야 하는 어려움, 상사와 커뮤니케이션이 잘 안 되어서 생기는 스트레스, 업무 역량이 부족해서 오는 어려움 등 그 사람의 상황이나 위치에 따른 다양한 사례가 무수하다.

해결을 하려면 원인을 알아야 하는데 원인을 딱 꼬집을 수 없는 성가시고 골치 아픈 문제도 있다. '원인만 알아도 문제의 80퍼센트는 해결된 거나 다름없다'는 말이 있다. 어려움을 만났을 땐 글쓰기를 통해 자기 스스로 원인을 찾아보는 것은 큰 의미가 있다.

스스로 묻고 답하기를 계속하면서 끈질기게 생각해야 한다. 일기는 이러한 어려움에 대한 이야기를 누구 눈치 볼 것 없이 편하게 쓸 수 있다. 물론 어려움이 생긴 발단부터 경과, 원인, 해결책 등을 일사천리로 쓸 수는 없다. 날마다 조금씩 미완성이라도 글을 쓰면 글을 통해 깨닫는 것도 생기고, 글을 쓰기 위해 자꾸 생각에 생각을 더하면 안 보이던 것도 보일 수 있다. 자기문제를 자기가 해결하겠다는 끈질긴 근성으로 생각과 글쓰기를 완성해 보자.

실전 스토리 ❺

사람에 대해

옷, 밥, 책, 어려움 등 그 모든 것에는 사람이 함께 있다. 옷 입은 사람, 밥 먹는 사람, 책 읽는 사람, 어려움을 만난 사람 등 그 모든 삶 안엔 사람이 필연적으로 있다.

모든 스토리는 사람에게서 나온다. 그래서 어떤 글감이든, 어떤 주제든 글의 처음을 사람에서 풀어가는 것은 수월한 방법이다. "나는", "우리 과장님은", "사무실 선배 K는", "후배 J는", "거래처 담당자는", "빌 게이츠는", "우리 동네 편의점 알바생은", "지난해 돌아가신 우리 아버지는", "대학시절 경영학과 교수님은", "오늘 아침 TV에서 본 배우 송강호는" 이렇게 어떤 글을 쓰든 글의 첫머리를 사람으로 시작하고 그 사람에 대한 이야기를 풀기 시작하면 글쓰기가 한결 쉽게 느껴진다. 내가 잘 알고 있는 사람이라면 더 좋고, 내가 잘 모르는 사람이라도 관찰을 통해 알게 된 면모로 시작해도 좋고, 어느 책에서 만난 인물의 이야기라도 좋다.

현실에서든, 책 속에서든, TV에서든, 그날 만난 사람으로 글을 써보자. 당신의 하루 스토리를 정리하는 데 시간을 줄여주고 힘이 될 것이다.

스토리의 씨앗 :
생활밀착형 글쓰기

'쓰기'는 적당한 부담을 가지고 날마다 써봐야 한다. 업무상 글쓰기가 잘되는 것이 당장 시급한 직장인이라도 우물에 가서 숭늉을 먹을 순 없다. 날마다 기획서와 보고서만 연습한다고 글쓰기 실력이 좋아지는 것은 아니다. 문자든, 카드든, 일기든, 편지든 편안하게 자신의 생각을 평소에 꾸준히 써보면 된다. 길지 않아도 된다. 처음엔 한두 줄에 그치는 건 당연하다.

아침에 출근해 하루 일과를 메모하는 것도 작은 글쓰기요, 회의를 기록하고 정리하는 것도 역시 글쓰기의 하나다. 또한 거래처와 고객에게 보내는 이메일은 하루 서너 통을 넘는다. 각종 기획서와 제안서는 초등학교 시절 일기처럼 엄청난 부담이다. 이런 사소하지만 중요한 글을 잘 쓰기 위해서는 먼저 몸이 글쓰기에 익숙해지도록 세팅해야 한다. 자전거를 타고 싶다면 자전거 타기에 알맞게 몸의 감각을 일깨우는 것처럼, 시작은 힘들지만 한번 몸에 익히면 절대 잊지 않는다. 아무리 수영에 관련된 책을 본다고 수영을 할 수 없다. 물도 먹고 눈도 빨개지면서 몸이 물에 뜨는 감각을 익혀야 수영을 할 수 있듯이 글쓰기도 몸에 배게 해야 한다.

블로그는 글쓰기 훈련의 최적의 도구

혼자 하는 글쓰기 연습은 막막하고 재미없어 포기하기 쉽지만 불특정의 많은 독자를 만날 수 있는 온라인 공간에서는 재미도 있고 힘도 난다. 블로그는 이러한 자리를 확보할 수 있는 최적의 공간이다. 우선 각종 커뮤니티 게시판에 올리는 인사말과 답변, 쪽지와 메신저, 이메일을 통해 글쓰기를 조금씩 익숙하게 만든다. 이런 과정을 통해 어느 정도 실력이 갖추어지고 자신의 글에 공감하는 독자가 늘어나면 "이거 별것 아니네." 하는 만만함이 생기고 그게 자신감이 된다. 그러다 보면 자기도 모르게 야금야금 글의 분량도 늘어가고 글을 구조적으로 다루는 능력도 갖추게 된다.

말로 한마디하기보다 말로 해도 되는 것을 꼭 글로 써보자. 우선 내가 다녀간 자리에 메일이나 카드, 편지가 남아 있게 한다. 예쁜 카드를 평소 많이 사두고 특별한 날이 아니라도 가까운 사람에게 고마운 마음, 노고를 치하하는 마음, 동료애를 담은 마음을 수시로 전한다. 또 '미안하다', '죄송하다'는 것도 말로 하지 말고 손글씨로 직접 한 글자라도 더 보태어 글로 전한다. 내게 고객이 있다면 자주 안부편지를 쓰고 좋은 글을 써서 마음을 표현하는 것은 물론이다. 자신만의 스타일로 사소하고 가벼운 글쓰기를 잘하는 사람으로 자기 이미지를 스토리텔링하자.

생활밀착형 글이 실력을 키운다

글쓰기에 대한 두려움과 막막함을 가지고 있지만 사실 우리는 '모두 글쟁이'다. 글쓰기 압박이 심하다고 하지만 일찍이 글쓰기 연습장이 이렇게 훌륭한 시대는 없었다. 직장에서는 업무용 메신저라 할지라도 늘 로그인 상태를 유지하며 '글쓰기 스탠바이'를 하고 있고, 컴퓨터에서든 휴대전화에서든 하루에도 몇 번씩 언제든지 원하면 쉽게 글쓰기를 할 수 있다. 지금은 하나 이상 커뮤니티에 가입하지 않은 사람이 별로 없을 정도로 우리에게는 글 쓸 공간이 무궁무진하다.

꼭 성취해야 할 목적이 없고 누군가에게 평가받아야 하는 부담없는 생활밀착형 글쓰기에서 출발해 보는 것이다. 쇼핑을 하고 난 이후 제품 사용 후기, 관심 있는 뉴스에 댓글 달기, 영화 보고 리뷰 쓰기, 책 사보고 감상문 쓰기 등을 통해 워밍업을 하는 것은 두려움을 없앨 수 있는 좋은 길이다. '나, 혹은 내 생각을 표현하기'를 가장 큰 목적으로 두고 편안한 글쓰기에서 서서히 글쓰기 능력을 높여간다. 짧은 글이라도 완성하는 습관, 바르고 좋은 어휘를 골라 쓰려는 노력, 독자 입장을 생각하는 훈련을 하면 '자신감' 혹은 '감 잡기'라는 소기의 목적이 달성될 것이다.

그리고 나서 자기만 알고 있기에 아까운 지식과 정보들, 혹은 자신의 업무나 일을 통해 쌓은 경험과 노하우를 조금씩 나누어본다. 공감과 호응을 얻을 것이다. 책이나 미디어에 나온 공감할 수 있는 글이나 감동적인 사건, 혹은 나의 일과 관련된 전문지식, 내가 관심 있는 분야를 골라내어 내 마음대로 이리저리 편집하는 것도 능력이다. 따라서 책을 볼 때도 '재해석' 혹은 '변화'라는 키워드를 가지고 집중해보자. 꼭 100% 새로운 창작만이 능사는 아니다. 글쓰기를 두려워하는 마음을 없애주는 데 큰 도움이 될 것이다.

한 가지 스토리를 해부하라

모 대학 교수가 학생들의 리포트를 읽다가 몽땅 확 밀쳐버렸다고 했다. 그날의 리포트는 산업체 견학을 다녀온 후 견학문을 제출하는 것이었는데, 글들이 어쩌면 그렇게 천편일률적인지 읽을 맛이 안 나더란다. 미리 한두 가지만 집중적으로 다뤄서 농축된 메시지를 써보라 공지했다. 헌데 전혀 전달되지 않은 것처럼 교수가 제시한 조건에 맞게 쓴 글이 거의 없었다. 하나부터 열까지 다 나열하면서 보고하듯 짚어가는 방식이 대부분이었다. '어떻게 가게 됐고, 어떻게 진행됐으

짧은 글이라도 완성하는 습관,
바르고 좋은 어휘를 골라 쓰려는 노력,
독자 입장을 생각하는 훈련을 통해 '자신감' 혹은
'감 잡기'라는 소기의 목적이 달성될 것이다.

며, 어떻게 마무리되었고, 그 가운데 나는 어떤 것을 느꼈다' 이런 틀을 크게 벗어나지 않았다.

물론 A부터 Z까지 분량의 제한이 없는 경과 보고서이거나 전체 스토리를 알아야 한다면 당연히 그렇게 쓰면서 살을 붙여가야 할 것이다. 그러나 교수는 분명 공지했다. 글쓴이의 견학일정표를 요구한 게 아니고 한 가지 주제 속의 의미와 재미, 혹은 감동을 기대했다. 그런데 '그게 나에겐 의미있다', '내게 생각해 볼 문제를 제시했다', '나는 흥미로웠다', '나는 놀랐고 감동했다' 이렇게 쓰긴 했는데 읽는 사람은 전혀 의미도 흥미도 재미도 감동도 없다. 왜 의미 있었는지 표현해야 하는데, 그것을 표현하기에는 써야 할 말이 많아서 마음만 복잡하다.

짧은 지면에 글을 쓸 때나 남들의 시선을 잡아두는 글을 쓰려면 전체를 나열하는 방식은 최악이다. 이럴 때는 아까워도 자잘한 일들은 과감히 버려야 한다. 인상적인 한두 사건만 집중해서 다루는 것이 좋다. 물론 필요한 일정이나 장소 등은 간략히 적으면 된다. 그리고 시간적 순서에 너무 집착할 필요도 없다. 그렇게 하면 여러 불필요한 사실들을 나열할 자리에 집중된 사건의 자세한 배경이나 등장하는 인물에 대한 묘사 등을 풍부하게 삽입할 수 있으므로 글을 읽는 재미와 이해도가 높아진다.

만약 A4 두 장에 가장 일하고 싶은 기업의 CEO에 대한 글을 써야 하는데 스티브 잡스를 골랐다고 하자. 그의 출생부터 죽음까지 다루면 그건 이력서처럼 재미없는 글이 된다. 이런 때는 출생이나 중요한 이력은 최소한으로 서술하고, 하나의 일화를 골라내야 한다. 예를 들어 자신의 독설에 고분고분하게 반응하지 않았던 사람들을 더 좋아했던 스티브 잡스의 일화를 끄집어내어 그의 독설이 결국 사람들의 아이디어를 끄집어내고 동기부여를 했다는 면을 부각하는 식으로 써야 한다. 앞서 고른 일화와 비슷한 다른 일화를 추가해 설득력을 높이는 식으로 마무리하면 좋다. 모든 과정을 나열하기보다는 가장 감동적이면서도 그 글의 주제와 성격을 잘 드러내주는 한두 가지만 집중해 조명한다. 꼭 필요한 부분은 간략히 축약하는 방식이 좋다.

모든 과정을 짚어가느라 핵심을 놓치는 글은 등장인물과 배경과 줄거리는 있는데 메시지는 없는 이야기와 같다. 실속 없는 글이다. 글을 잘 쓰는 사람의 특징은 모든 것을 작게 나누어본다는 점이다. 사건이나 경험의 단위를 작게 나누고 거기서 느낀 오감의 경험을 세밀하게 떠올린다. '출근 준비'라는 한 가지 글감으로도 무수히 많은 이야기를 쓸 수 있다. 출근 준비 시간을 더 줄이고 싶은 이야기, 출근 준비를 하면서 켜놓은 TV나 라디오에서 들은 사건 중심의 이야기, 옷 고르느라 시간 보낸 이야기, 출근 전에 받은 상사나 선배의 전화 이야기 같은 출근 준비 한 시간 남짓에도 누구에게나 아주 많은 일들이 일어날 수 있다.

글을 쓰다 보면 자꾸 욕심이 생긴다. 글 쓰는 게 좀 수월하다 싶은 생각이 들 때 이 욕심은 자제력을 잃는다. 좀 잘 써진다 싶으면 이 얘기도 하고 싶고 저 얘기도 하고 싶기 때문이다. 아이디어나 생각, 통찰, 상념 등이 떠오르면 내 생각을 한 줄도 쓰기 힘들었을 때를 떠올리면 그게 다 너무 소중해서 버리기가 무척 아깝다. 그래서 어떻게든 그것 모두를 하나의 글에 우겨 넣고 만다. 이건 글이 망하는 지름길이다. 글이 산만해져서 정작 뭘 말하려고 하는지 알 수 없게 된다. 짧은 글일수록 하나의 스토리가 축이 되어야 한다.

글에 욕심이 생긴다는 걸 느낄 땐 글을 써놓고 적어도 일주일 이상 두었다가 다시 읽어보자. 그러면 조금 더 객관적인 눈으로 자기 글을 볼 수 있다. '이 얘길 왜 여기다 끼워 넣었지?' 할 때가 있다. 약간의 재미를 더하기 위해, 사족으로, 노파심에, 버리기가 아까워서 쓸 경우에 이런 일이 발생한다. 조금 아쉽더라도 원래 의도한 방향으로 글을 끌고 가면서 과감하게 가지치기를 잘해야 영양분이 그대로 전달된다.

재미나 감동 없는 스토리는 버린다

한 신입사원이 선배를 차에 태우고 거래처를 가는 길이었다고 한다. 차 안에서 라디오를 듣는데, 뉴스를 전하던 앵커가 기상캐스터를 불러 오늘의 날씨를 물었다.

"여러분, 굉장히 추우시죠? 이렇게 갑자기 날씨가 추워진 이유는, 한반도 상공에 찬 공기가 대량 유입됐기 때문입니다."

신입사원은 아무런 생각 없이 듣고 있는데 갑자기 선배가 버럭 짜증을 내서 깜짝 놀랐다. "아 진짜, 찬 공기 들어와서 추운 거 누가 몰라? 참 기상캐스터 편하게 한다. 저런 당연한 소리는 나도 하겠다."

이렇게 누구나 아는 이야기는 새로운 정보가 될 수 없고, 감흥도 줄 수 없다. 글에도 뭔가 새롭든지, 멋지든지, 재미있든지, 중요한 것이 들어 있어야 한다. 어떤 글은 짧아도 뭔가 무릎을 탁 치게 하거나 마음 깊은 곳을 울리는 뭔가가 있다. 반면에 어떤 글은 아무리 읽어도 밍밍한 게 맥이 빠지고 어느 대목에서 재미나 감동이나 해답을 찾아야 하는 건지 모를 때가 많다. 당연한 이야기, 뻔한 이야기, 이미 익숙하게 들어온 이야기들일 경우다.

표현에서도 그렇다. TV나 라디오 뉴스가 전하는 뉴스 내용은 익숙하다 못해 뻔한 이야기들로 채워질 때가 많다. "이른 추위에 아침 출근길 사람들은 옷깃을 세운 채 종종걸음을 내디뎠다.", "기차역과 버스터미널에서 만난 귀성객의 마음은 이미 고향 앞마당에 가 있다.", "이번 참사가 휩쓸고 지나간 곳곳엔 주민들의 탄식과 눈물만이 남아 있다." 이런 식의 표현은 정말 수없이 많이 들었다.

이보다 조금 덜하지만 신문기사에서도 진부하거나 뻔한 표현이 많다. "이 작가의 다음 행보가 더 기대된다."와 같은 표현이다. 글 쓰는 사람이 참신한 표현 찾기를 게을리하는 경우 이러한 표현은 자주 나타난다. 겉만 번지르르한 채 알맹이가 빠진 표현이다. 머릿속에 이런 흔한 수사법 사전이 생기면, 큰 고민 없이 그때마다 필요한 수사어를 여기서 꺼내 쓴다. 특히 생각할 여유 없이 바쁘게 '써대는' 글일수록 이런 수사가 툭툭 튀어나온다.

글은 읽는 사람에게 무언가를 주어야 한다. 잔잔한 감동, 새로운 정보, 지식, 잊었던 가치를 상기시키는 내용, 재미, 감탄, 공감 등 무엇이 됐든 얻을 것이 있어야 한다. 그것이 적을수록 글의 힘은 떨어진다. 그렇다고 계속 자극적이고 기억에 남을 만한 강렬한 내용을 쓸 순 없다. 어떤 글은 순하고 밍밍해서 글의 농도가 연한 것 같아도 잔잔한 공감을 주기도 하니 글의 농도가 문제는 아니다. 진하든 연하든 거기서 어떤 것이든 얻을 수 있어야 하고, 그래야 읽을 가치와 이유가 생긴다. 글을 읽다가 마음을 울리거나 무릎을 치게 만든 글이 있다면 그런 글을 답안으로 삼아 연습하자. 어떤 글을 쓰든 늘 자신을 돌아보고 많은 생각을 하면 그 생각들이 진한 국물이 되어 글의 농도를 결정할 것이다.

진필 편지는 아날로그 스토리

편지지에 직접 쓰는 편지는 이제 아주 귀해졌다. 요즘은 대부분 이메일이 생활화되었기 때문이다. 그런 희소성 때문에 자신의 진심이나 정성을 드러내고 싶을 때, 그리고 아주 특별한 사람들에게는 친필 편지가 그 감동을 더한다. 사람들은 누구나 개별적으로 그 사람의 진심이 담긴 대접을 받고 싶어 하는 심리가 있는데, 그러한 마음을 두드리는 일로 친필 편지만한 것이 없다.

친필 편지는 큰 감사의 마음을 전해야 할 때, 누군가를 초대해야 할 때, 특별한 날은 아니지만 누군가에게 특별한 마음을 표현해야 할 때 쓰면 큰 효과를 발휘한다. 오랜 생활을 같이한 상사에게 1년에 한 번 연말에 장문의 편지로 감사함을 표한다면, 내년 한 해가 한결 편해질 수도 있다. 하지만 고마움을 표한다는 것이 너무 과해 아부성 발언으로 글 전체가 흘러가는 것은 꼭 조심해야 한다. 상사에게 잘 보이기 위한 무조건적인 아부보다 상황과 타이밍을 고려해 도를 지나치지 않는 행동으로 보여야 한다. 평소에 말하고 싶었지만 상사 앞에만 서면 슬금슬금 들어가던 맘속 말들을 이 기회를 삼아 자연스럽고 편안하게 풀어가는 것이다. 그럼 평소 특별한 이야기를 나누지 않더라도 좋은 인상을 남길 수 있다.

카드나 엽서 등으로 정성을 담아도 좋다. 대량으로 찍어낸 문구가 들어간 엽서나 카드는 피하는 것이 좋다. 틀에 박힌 문구가 아니라 좀 서툴고 거칠어도 간결하면서 자신의 진심이 담겨 있는 글을 친필로 적는다면 효과는 배가 된다.

스피치 라이팅으로
말하기에 자신감 찾기

청중은 연설하는 사람에 대한 적당한 기대치가 있다. 미리 할말을 예상하는 것이다. 무엇인가 잘못한 사람이 마이크를 잡고 섰을 때 청중은 솔직한 답변이나 사과를 기대한다. 선거에서 패배한 후보자가 마이크 앞에 섰을 땐 깨끗하게 패배를 인정하는 말을 하고 '다시 일어서겠다, 지켜봐 달라.' 같은 결연한 의지가 담긴 말을 기대한다.

그런데 영화 〈콘트롤러〉의 주인공 데이비드 노리스(맷 데이먼)는 전혀 다르다. 어깨 힘을 완전히 빼고 대책 없이 솔직하다. 미리 준비된 원고 같은 건 없다. 아마 선거에 당선되었으면 미리 준비한 격조 있고 환희에 찬 당선 소감을 말했을 것이다. 후줄근한 그는 미리 준비된 패배 연설문 같은 게 있었다 해도 그건 밀쳐두고 그냥 생각나는 대로 마음 가는 대로 말했을 것이다.

데이비드는 자신이 많이 써먹은 말들, 넥타이 색깔, 심지어 적당히 헌 구두 끝까지 이 모든 것이 계산된 선거전략이었음을 술술 고백하는데 청중으로선 예상치 못한 연설이다. 어릴 때 이야기부터 줄줄 이어지는 긴 스토리로 청중은 기대가 무너졌지만 기분은 이상하게 좋다. 그의 솔직함에 허를 찔린 청중은 무장해제된 마음, 저 아래서 감동이 밀려오는 것을 느낀다. '아, 저런 사람을 내가 왜 안 찍었지?' 후회하게 만든다. 그는 거기서 바로 재기할 발판을 마련한다.

말은 기회를 잡게도 하고 기회를 날려버리게도 한다. 요즘은 말 한마디로 잘나가던 사람이 설화(舌禍)로 한순간에 그야말로 '훅 가는' 일이 비일비재하다. 누가 무슨 말을 했다더라 하면 삽시간에 퍼진다. 영향력이 큰 리더일수록 그 사람의 말은 여기저기를 흔든다. 주가, 상품 판매량, 표심, 사람의 마음을 출렁이게 한다. 그 때문에 한마디라도 전략적으로 해야 한다.

사회초년생이나 신입사원들의 스피치 역시 그 무게가 가볍지 않다. 아무리 회사가 고르고 고른 인재라지만 소속된 팀이나 부서에서 다시 자기를 검증받는 일이기 때문이다. 선배들은 '개념 신입'인지 아닌지 판단하고, 상사는 장차 '싹수가 보이는' 부하인지 판단한다.

이미지, 개념, 태도, 지적 능력을 두루두루 볼 수 있는 게 스피치다. 하지만 데이비드같이 스피치를 잘하는 사람은 즉흥적인 스피치도 멋있지만 원고 없는 스피치는 언제나 위험요소가 있다.

연설은 청중을 설득하기 위해 하는 것이기 때문에 아무리 연설 경험이 많고 자신감을 가진 사람이라 할지라도 충분한 준비 없이 하는 즉흥연설은 소재가 부족하고 말 전개에 일관성이 없고 내용이 없는 연설이 될 수 있다. 다만 경험이 많고 자신감이 있는 사람은 원고를 준비하되 그대로 읽지 말고 원고 줄거리를 요약하여 순서를 메모하는 등 원고 없이 하는 메모식 연설을 하면 된다.

내 스토리를 재물로 바쳐라

검찰 출신의 법대교수 김두식 씨는 화려한 이력과 어울리지 않게 '남의 욕망'에 관심을 갖고 예민하게 찾아내는 '우리'에 대한 이야기를 〈욕망해도 괜찮아〉라는 책을 통해 보여준다. 메시지는 일관적으로 하나다. 욕망에 충실했기 때문에 손가락질 받는 사람들에게 돌을 던지기 전에, 그 사람과 내가 뭐가 다른지에 성찰해 보고 자신의 욕망에 솔직해지자는 것이다. '욕망'이라는 민감한 화두를 그저 꺼내놓는 데 그치지 않고 모두에게 권하는 모양새다.

저자는 이 책을 통해 남의 욕망에 대해서도 이야기하고 있지만, 내용의 상당한 부분에서 자신과 자기 가족의 욕망을 솔직히 드러내고 있다. 예를 들면 어느 날 저자의 어머니가 입원을 하게 된다. 돈과 권력 등을 하찮게 여기며 평생을 청렴하게 사신 어머니지만 입원실만큼은 1인실을 고집한다. 주변의 시선을 의식한 탓이다. 자식들은 어머니의 주장대로 '어머니의 사회적 위치'를 고려해 금전적 여유가 없음에도 불구하고 어머니를 1인실에 입원시킨다. 작가는 이러한 에피소드로 상류층과 중산층 문화를 동시에 비판한다.

욕망의 관점에서 사회현상을 쉽고 친절하게 분석한 이 책은 자신과 가족, 주변 환경 등을 통해 욕망에 대해 솔직하게 풀어냈는데, 이것이 이 책의 아주 큰 장점이다. 자신과 자신의 주변 이야기부터 솔직하게 다루고 있기 때문에 결과적으로 독자들이 '그럼 나는?' 하며 자기 욕망을 들여다볼 수 있게 한다. 저자의 집필의도가 제대로 '먹히는' 일이다.

내 이야기는 청중이 주목하기 쉽다. 이것 역시 어쩌면 저자가 말한 남의 욕망을 보고 싶어 하는 우리들의 특성이 발휘된 것인지 모르지만, 어쨌든 내 이야기를 솔직하게 글에 적을 수 있다는 건 큰 미덕이다. 세상에 그 누구와도 똑같을 수 없는 나만의 고유한 스토리를 발굴하는 것이다. 남의 이야기, 책에서 본 이야기, 신문에서 본 이야기는 누군가는 알고 있을 이야기이고 누군가는 써먹었을 이야기지만, 내 이야기는 그렇지 않다. 고유성이 있고 독창성이 있다. 같은 사건을 여러 사람이 함께 당해도, 저마다 그 느낌이나 생각이 다르기 때문에 같은 스토리가 될 수 없기 때문이다.

이제 내 이야기, 내 경험을 글로 쓰는 일에 관심을 기울이자. 특히 스피치 원고는 청중이 '내 눈앞에 있는 저 사람에게 직접 일어난 일'에 더 집중한다는 것을 생각하면 내 스토리를 아주 작은 것이라도 발굴해서 쓰는 것이 좋다. 청중은 남의 얘기를 하는 것보다 더 크게 공감할 것이다.

나만의 리스트에서 스토리 발굴하기

행복 리스트

편안한 분위기를 만든 후 나를 행복하게 만드는 것, 혹은 행복한 상황을 생각나는 대로 모두 나열해 본다. 5개도 좋고 50개도 좋다.

소망 리스트

내가 소망하는 것들을 모두 나열해 본다. 지금 이 순간 바라는 것부터 미래에 소망하는 것까지 모두 써본다.

성장 리스트

나를 크게 성장시킨 사건이나 에피소드, 나를 성장시키기 위해 노력했던 일들을 써본다.

실수 리스트

사람들은 누군가의 실수담을 아주 좋아한다. 재미있기도 하고 나만 그런 게 아니구나 하며 공감하고 안도하게 된다. 학창시절, 직장시절 등등에서 겪은 실수담을 모아본다.

미래 리스트

앞으로 하고 싶은 일, 목표, 꿈 등을 기록해 본다.

이밖에도 자기만의 많은 리스트를 만들 수 있다. 이런 자기만의 스토리를 많이 가지고 있으면 스피치 원고든 다른 글에서든 글쓰기가 한결 수월해진다.

스토리만 남아도 성공이다

청중은 아무리 몇 날 며칠 준비한 연설이라도 듣고 돌아서면 대부분 잊는다. 그 중에서 하나의 비유, 한마디 유머라도 깊이 각인시킬 수 있으면 성공이다. 영화 〈제리 맥과이어〉는 영화 도입부부터 소신 있는 제안을 했다가 회사에서 잘린 제리(톰 크루즈)가 시키지도 않은 퇴사 스피치를 하는데, 가장 강렬한 부분은 물고기 비유다! 인간관계의 기본이 매너임을 설파하며 엉뚱하게 '이 물고기도 그쯤은 안다'며 수족관에서 잘 노는 고기 하나를 비닐봉지에 담는 부분은 단연 하이라이트다. '사람들 사이의 매너를 모르는 너희 같은 것들보다 이 물고기가 더 낫다'는 강렬한 비꼬기가 들어간 이 퍼포먼스는 그가 했던 나머지 말보다 훨씬 오래 기억에 남는다.

지휘관으로 성공하기 위해서 의사소통 능력이 중요하다고 생각했던 맥아더 Douglas Mac Arthur 는 부하나 언론 앞에서 연설한 적이 드물었지만 한번 연설을 하면 최상급인 것으로 유명했다. 15분을 넘긴 적이 없고 보통 5분 안에서 할말을 다하는 사람이었지만 표현은 군더더기 없이 깔끔했다. 그렇게 되기 위해 그는 연설을 하기로 마음먹었을 땐 원고를 만족할 때까지 고치고 또 고치는 일을 계속했다. 특히 청중의 귀를 모으는 이야깃거리를 찾는 데 많은 시간을 할애했다. 그의 연설과 글을 살피면 나폴레옹에게서 인용한 말, 연극이나 드라마에서 가져온 말들, 링컨의 연설에서 발췌한 글, 플라톤 Platon 의 이야기와 성경에서 인용한 구절 등을 쉽게 찾을 수 있다.

한 가지 스토리만 제대로 전해도 사람들은 쉽게 이해하고 오래 기억한다. 아무리 중요한 이야기도 직설적으로 강조하다 보면 지루해진다. 듣는 사람들의 마음에 남는 이야기는 엉뚱한 것이기 쉽다. '아, 또 그 소리네', '멘트 좀 바꾸면 안 되나?', '같은 이야기라도 좀 다르게 할 수는 없나?', '아휴 지겨워. 이제 다 외웠어.'

맥아더가 부하 앞에 설 때마다 그저 전투력을 키우자, 용기를 내자, 두려워하지 말자, 앞으로 전진하라, 나라를 위해서 이 한 목숨 기

직설적이고 관념적인 스피치는 듣는 사람을 금방
지루하게 만든다. 풍부한 비유나 사례,
어떤 책이나 사람의 말에서 인용할 수 있는 것들을
잘 이용하면 듣는 사람이 재미있게 느끼며
오래 기억한다.

꺼이 바치자, 등 직설적인 말만 했다면 어땠을까? 부하들을 감동시켜 두려움 없이 마음을 움직일 수 없었을 것이다. 맥아더는 무엇이든 할 수 있다는 마음가짐을 갖도록 부하들의 마음에 뜨겁게 불을 지폈다.

직설적이고 관념적인 말은 듣는 사람을 금방 지루하게 만든다. 풍부한 비유나 사례, 어떤 책이나 사람의 말에서 인용할 수 있는 것들을 잘 이용하면 듣는 사람이 재미있게 느끼며 오래 기억한다. 처음엔 무슨 이야기를 할지 감도 안 잡히는 재미있는 동화나 우화로 시작한다거나, 무슨 영화 봤냐 무슨 드라마 봤냐 하면서 이야기를 끄집어내는 호기심 어린 질문을 해도 좋다.

많이 배웠든 못 배웠든, 이해가 빠른 사람이든 좀 아둔한 사람이든, 나이가 많든 적든 관계없이 사람의 마음을 움직인다. 돌려 말하는 것 같지만 더욱 확고한 의사전달이 될 수 있다. 추상적인 관념을 이해하기 쉽도록 도와주기 때문이다.

> ### 스피치 라이팅 쓰기 전 준비
>
> **1. 주제 선택**
> - 시대적 · 시의적 · 시사적으로 지금의 현실감각에 맞는가?
> - 청중이 알아듣기 쉬운 설명과 표현이 가능한 주제인가?

2. 청중 연구

- 청중의 수가 많으면 논리도 중요하지만 감정에 호소할 수 있는 스피치가 효과적이다. 청중의 수가 적으면 스스로 판단할 수 있도록 이론적·사실적인 원고를 준비한다. 추상적인 표현보다 구체적인 표현이 좋다.
- 청중의 지적 수준이 높으면 지적 표현을 적절히 넣어 표현하고, 그렇지 않으면 쉬운 용어로 준비한다. 청중의 수가 서로 반반일 땐 쉬운 말로 하되 내용은 수준이 높은 것으로 한다. 청중을 설득해야 할 경우는 조금 공격적으로, 방어해야 할 경우는 논리정연하게 이성에 호소한다.

3. 자료 수집

- **내 생각을 정리** : 내 생활경험, 지식, 취미, 관심 중에 스피치 주제와 관련 있는 것을 메모하고 생각을 적어둔다.
- **전문가나 경험자의 사례** : 주제와 관련된 일을 잘 알고 있거나 그 직종에 종사하는 사람이 있으면 찾아가 간접경험이나 조언을 듣고 관련 자료를 받아온다.
- **독서** : 신문, 잡지, 전문서적들에서 찾는다. 사실 이건 갑자기 하려면 시간도 많이 걸리고 어려운 일이다. 평소 스피치할 일이 자주 있는 사람은 정치, 경제, 사회, 문화, 예술 등 중요한 내용을 모으는 것이 제일 좋다. 책도 백과사전이나 연감, 도감, 전문사전 같은 것을 틈틈이 보고, 이슈가 되거나 인기 있는 베스트셀러는 읽어보는 것이 좋다. 또한 각

종 보고서, 논문집, 통계자료는 잘 보관해 두면 요긴하다. 정확하고 객관성 있는 자료는 말로 표현하기 어렵거나, 설득해야 할 사람이 많은 스피치를 준비해야 할 땐 확신을 심어주고 설득하기에 좋다.

무엇을 어떻게 쓸까

본론 잡기

스피치 라이팅은 서론보다 본론부터 생각한다. 물론 서론과 결론은 있어야 하지만 이야기의 대부분은 본론이다. 중요한 내용은 이 본론 부분에서 전달되기 때문에 원고의 가장 중요한 핵심부터 잡아야 한다. 초고 작성시 스피치를 통해 전달하려는 이야기가 몇 가지인지 메모한다. 5가지 이내가 좋다. 보통 2~3항목이 있으면 가장 짜임새 있고 설명하기도 편하고 청중도 이해하기 쉽고 기억하기 쉽다. 이렇게 각 항목을 나누어놓고 하나의 항목마다 할 이야기가 더 있다면 다시 세분하여 2~3개의 세분된 항목을 나누어 설명하면 된다.

정리된 스토리 분류하기

- 수집한 자료나 스토리를 모두 모아서 그 중에서 스피치 중심 주제와 연관시킬 수 있는 것으로 2~5개 정도를 가린다. 이 중에서도 다시 한두 가지 방법으로 설명할 생각을 해본다.
- 정리된 전체 자료를 서로 연관시켜 보면서 2~3개씩 묶어볼 수도 있다. 묶은 것들을 하나로 표현할 수 있는 말이 상위 항목이 되고, 그 묶

은 자료는 상위 항목을 뒷받침하는 하위 항목이 된다.

서론 잡기

- 생각지도 않은 말로 시작하기 : 아침 뉴스나 정보, 자신의 경험
- 유머로 시작하기 : 스피치하는 곳의 분위기나 스피치 주제와 연관이 있는 풍자 유머
- 튀는 인용문 사용하기 : 유명한 인물이나 책 속에서 읽은 말, 격언이나 속담
- 청중에게 간단한 질문하기 : 질문 내용이 건전해야 하며 굳이 답을 듣는 게 목적은 아니니 잠시 생각할 기회만 주고 스피치하는 사람이 답한다. 단, 직장의 신입사원인 경우 대부분 자신보다 연장자인 청중 앞에서 말할 때는 질문하기로 서론을 잡는 것은 피하는 것이 좋다.

스피치 원고 쓰기 5단계

1. 주의환기 : 도입 부분으로 듣는 사람의 관심을 집중시켜야 한다.
2. 흥미유발 : 청중이 필요로 하는 것을 제시한다.
3. 필요만족 : 청중이 원하는 문제를 해결하기 위해 어떻게 하면 좋은지 해답을 제시한다.
4. 구체화 : 문제해결을 조금 더 구체화해서 확신을 갖도록 한다.
5. 행동유도 : 끝맺음 단계로 듣는 사람이 행동할 수 있는 동기를 부여한다.

주고받는 글쓰기 :
메일과 SNS

버락 오바마 대통령은 재선 선거 기간 중 '온라인으로 5달러 이상 기부하면 추첨을 통해 오바마 대통령의 생일 파티 이벤트에 초대한다'는 광고를 내보냈다. 오바마 측은 유권자들에게 각기 다른 제목과 다른 내용의 이메일을 발송하여 온라인 모금 효과가 가장 높은 이메일을 선별했다. 또 이메일 내용에 따라 유권자마다 반응이나 기부액이 달라지는 것을 확인하고 다른 내용의 이메일을 수차례 보냈다. 그 결과 총 6억 9,000만 달러, 우리 돈으로 약 7,400억 원을 온라인으로 모았다.

'대통령의 생일파티에 초대된다'는 꿈같은 스토리는 누구라도 솔깃하다. 5달러만 보내면 그 꿈같은 스토리의 주인공이 될지 모른다는 설렘이 기부를 결심하게 한 것이다. 거기다 여러 버전의 유혹적인 초

대장으로 맞춤 메일을 받고 나니 5달러만 기부하려던 마음이 20달러를 덜컥 내놓고도 아까운 줄 몰랐을 것이다. 글의 힘은 이렇게 대단하다. 이벤트 스토리를 만들고 그것으로 맞춤 메일을 작성한 선거 캠프의 반짝이는 아이디어가 대박 기부금을 모았다.

비즈니스 목적의 이메일은 개인에게 사적인 이메일을 보내는 것과는 다르다. 비즈니스 메일이란 거래처, 본사나 자회사에서 서로 주고받으며 공유하는 업무적 자료 메일을 말한다. 정확한 정보에 요점을 잘 정리하는 것이 첫 번째 포인트다. 어떤 특별한 주목거리가 없는 이상 긴 내용을 꼼꼼히 읽어볼 만한 여유가 없기 때문이다. 그런데 너무 용건만 간단히 하기에는 불친절하고 정성 없어 보이고, 그렇다고 해서 친근한 표현이나 내용을 쓰기에는 어색하고 왠지 프로답게 느껴지지 않는다. '사실'에 기인한 정보와 어떤 '가치'가 얼마나 눈에 금방 들어오게 정리하느냐가 관건이다.

'열게 하는 힘'을 키워라

밴쿠버에 거주하는 한 유태인 랍비(성직자)는 전자메일 제목으로 세계적인 기업 아마존닷컴의 최고경영자 제프 베조스의 관심을 끌 수 있었다. 메일 제목은 '감사합니다! 당신은 와우!'였다. 메일 내용은 간단한 칭찬이다. 아마존에서 판매하는 전자책 단말기 '킨들'의 광고하지 않는 기능을 칭찬했다. 비교적 작은 관심사에 불과했지만 결국 그

랍비는 베조스 사장의 답장을 받았다.

  비즈니스 메일은 그걸 읽어야 할지 말아야 할지 결정하는 건 1초도 걸리지 않는다. 그래서 읽어야겠다는 생각이 들게 메일 제목은 매력적이어야 한다. 지나치면 안 되지만 상대에 따라 적당히 튀어 보이는 제목을 고민해야 한다. 너무 일반적이거나 제목 없이 보내거나 하면 그 메일은 열어보지도 않고 휴지통으로 직행할 수 있다.

열게 하는 힘을 가진 메일 제목

무엇이 이익인지 확실하게 알린다.
"대표님, 내일 열어보시면 담당자가 바뀝니다."
"이걸 읽고 오셔야 협상에 유리합니다."

왜 읽어야 하는지 확실히 알려준다.
"길지만 안 읽으시면 내일 미팅에서 당황하실 겁니다."
"정 과장님의 고민을 해결할 자료입니다."
"참여할 가능성이 70% 이상 되는 회사들입니다."
"중요한 행사 내용의 변경이 있습니다."

내용이 궁금해서 참을 수 없게 만든다.
"공식발표는 딱 두 시간만 늦춰주세요. 그 이유는."
"과장님, 회의 결과는 49:51입니다."

Thank you! You're Wow

— 아마존닷컴 CEO 제프 베조스가 받은 전자메일 제목

"부장님은 반대하셨습니다. 사장님 의견은…."
"부장님은 세 가지 피드백을 하셨습니다."
"저희 팀장님 의중은 이렇습니다."
"어제 퇴근 후 제가 직접 현장에 갔었는데…."

시간이 없음을 강조한다.
"이 리뷰는 지금 부탁드립니다."
"기회는 이번 주까지라고 합니다."
"제안서 마감이 하루 앞당겨졌습니다."

부탁을 아예 제목으로 쓴다.
"이런 조건을 가진 사람으로 2명을 지원해 주세요."
"입찰 당일 오전 30분만 먼저 뵙고 싶습니다."
"오실 때 꼭 가져오셔야 하는 품목입니다."

'왜?'라는 궁금증이 생기게 한다.
"저희 사장님이 내일 직접 방문하신답니다."
"내일보다 다음 주 화요일에 가는 것이 좋겠습니다."
"보고서에 오류가 있습니다."

모든 제목은 낚시성 기질을 가지고 있어야 한다. 메일 제목이든, 인터넷 기사 제목이든, 블로그 제목이든, 기획서 제목이든, 먹음직스러운 미끼가 있어야 한다. 그래야 수많은 글 속에서 열람할 확률이 높다. 일단 열람이 되어야 그 다음 일이 진행된다. 제목을 가볍게 생각하지 말고 좀 고민해서 만들어야 하는 이유다. 당신의 문서가 자주 무시당했다고 느껴진다면, 본편이 궁금해지는 예고편 성격의 스토리 있는 제목을 달아야 할 것이다.

읽기 쉬운 메일은 스토리가 있다

무엇을 말하고 있는지 모르겠다. 알쏭달쏭 메일은 상대가 패스한다. 상대가 회신을 주지 않는, 읽지도 않는 그런 메일은 내용이 정리 안 된 것인지 모른다. 읽기 쉬운 메일을 쓰는 방법은 흐름을 깨끗이 하는 것이 포인트다.

읽기 쉬운 메일을 쓰기 위해선 시간의 경과에 따라 스토리를 진행하면 된다. 어떤 심각한 문제나 사건을 담당하는 변호사는 의뢰인에게 "최근에 있었던 일을 순서대로 들려주세요." 하고 말한다. 문제가 발생할 때까지의 가장 중요한 사건을 상세하게 듣고 그것을 바탕으로 완성된 자료는 사건을 밝히면서 모든 사람에게 전모를 알려준다.

메일도 이와 같은 방법으로 쓰면 된다. 자기 생각을 메일로 쓰기 어려워하거나 서투른 사람들에게 시간 순으로 스토리를 정리하는 건 가장 안정적이고 좋은 방법이다. 처음부터 끝까지 순서대로 진행되는 이야기는, 확신을 갖지 못하고 자신감 없이 자신의 의견을 밝힌 이야기보다 훨씬 알기 쉽고 상대의 관심을 끈다. 짧은 인사말에 본론을 1, 2, 3, 보기 쉽게 번호를 붙여 정리하면 읽는 사람은 더 좋아할 것이다.

되도록 한 화면에서 메일 내용이 다 소화되도록 한다. 긴 메일을 스크롤 내리며 읽으면 다 읽지도 못하고 "그래서 결론이 뭐라는 거야?" 하며 짜증을 불러일으키기 쉽다. 이해하기 어려운 일이 생기지 않도록 필요한 말은 빼먹지 않되, 필요 없는 말은 버리고 한 화면 안에서 소화되도록 한다. 하고 싶은 말을 빙빙 돌리거나 우물쭈물하지 말고 분명하고 간결하게 말한다. 처음에 상대방의 기분을 맞추는 인사말을 갖출 필요는 있다.

내 스토리를 전하는 방법

처음이라고 말할 수는 없겠지만 〈고도원의 아침편지〉 이후 원하는 사람들에게 메일을 통해 읽을거리와 생각할 거리를 제공하는 뉴스레터를 보내는 단체나 기업이 많아졌다. 〈고도원의 아침편지〉는 고도원 씨가 자신의 홈페이지에 책에서 읽은 좋은 글귀를 적고 그 아래 자신이 하고 싶은 말을 짧게 적은 것을 지인들에게 보내다가 폭발적인 호응에 수십만 명의 독자가 생긴 메일 서비스다.

업무적인 메일을 떠나 나의 메일 계정으로 내가 편집한 이야기를 뉴스레터로 발행하는 일은 조용히 자신의 근황을 꾸준히 알리면서 자기 이미지를 점점 좋게 만드는 글쓰기다. 직접 만나 대화로서 관계를 유지하는 일이 시간적으로 물리적으로 부족한 사람들에게 메일 뉴스레터 방법을 권한다. 물론 가장 손쉽게 소통할 수 있는 소셜 네트워크 서비스(SNS)가 있는 시대지만, 내가 편집한 스토리를 지인들의 편지함에 전하는 메일은 다른 매력이 있다.

무역회사에 다니는 한 직장인은 주요고객들에게 정기적인 메일을 보낸다. 정확히 말하면 1주일에 한 번 자신이 쓴 메시지와 자신과 같은 직장인들에게 필요한 뉴스, 시사, 상식, 정보성 기사들을 편집해 특이한 프로필에 사진까지 넣은 짧짤한 그만의 특별한 뉴스레터다. 자신의 모습을 가장 잘 홍보할 수 있는 섹션에는 가장 공을 많이 들인다. 정기적으로 의미 있는 메시지에 알찬 정보성 기사를 담아 보내는 뉴스레터 때문에 그를 기억하는 사람이 많다. 메일 제목도 신경을 많이 쓰는데, 자신이 편집한 스토리 중 가장 핫한 스토리나 꼭 읽어주었으면 하는 스토리를 톡톡 튀는 제목으로 단다.

고도원 씨는 책 속에서 발견한 좋은 글 한 단락을 발췌한 후, 자기 생각을 첨부해서 메일 서비스를 했다. 토요일엔 아침편지 독자가 직접 선택한 글귀를 골라 서비스하기도 한다. '책 속 밑줄 긋기'라는 한 가지 스토리로 성공했다. 이처럼 색깔 있는 한 가지 스토리로 자신의 메일 서비스나 SNS를 활용해도 좋다. 개그우먼 박지선 씨는 SNS를 통해 자신의 일상 스토리를 곱씹을수록 웃음 나오게 전한다. 그의 개그감이 어디에서 오는지, 그리고 그의 개그가 따뜻함을 품고 있는 이유를 알 수 있다.

개그우먼 박지선의 SNS

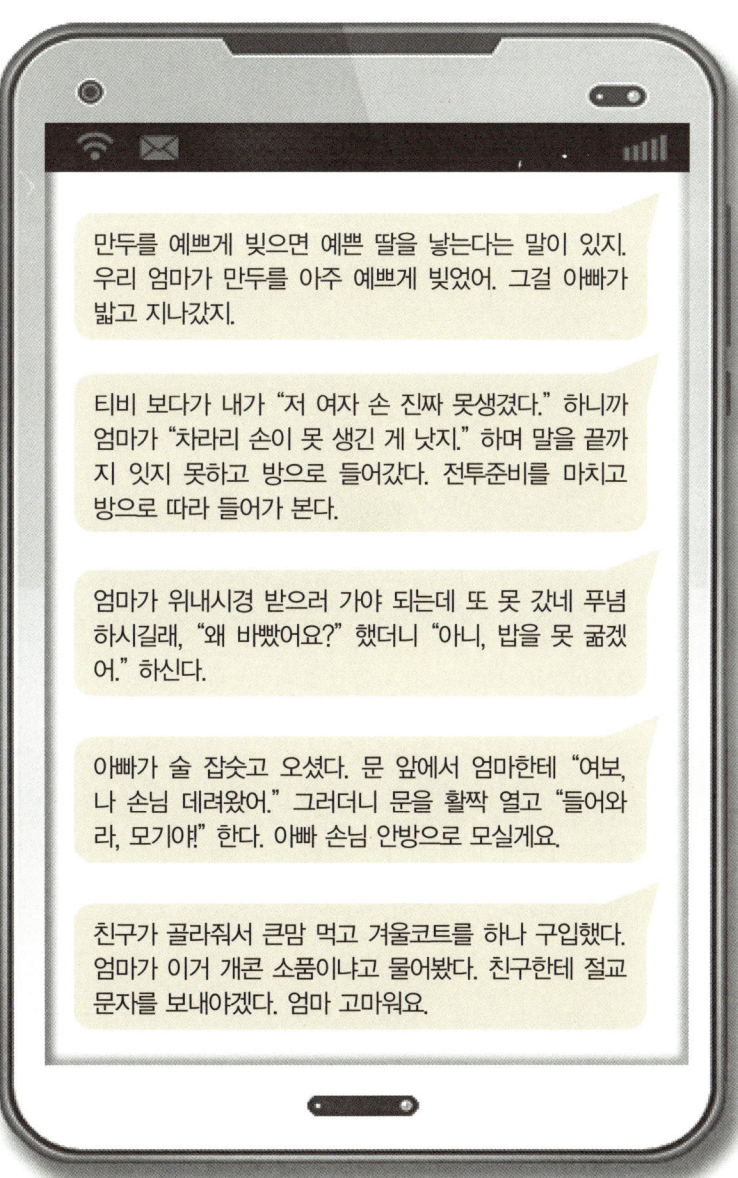

만두를 예쁘게 빚으면 예쁜 딸을 낳는다는 말이 있지. 우리 엄마가 만두를 아주 예쁘게 빚었어. 그걸 아빠가 밟고 지나갔지.

티비 보다가 내가 "저 여자 손 진짜 못생겼다." 하니까 엄마가 "차라리 손이 못 생긴 게 낫지." 하며 말을 끝까지 잇지 못하고 방으로 들어갔다. 전투준비를 마치고 방으로 따라 들어가 본다.

엄마가 위내시경 받으러 가야 되는데 또 못 갔네 푸념하시길래, "왜 바빴어요?" 했더니 "아니, 밥을 못 굶겠어." 하신다.

아빠가 술 잡숫고 오셨다. 문 앞에서 엄마한테 "여보, 나 손님 데려왔어." 그러더니 문을 활짝 열고 "들어와라, 모기야." 한다. 아빠 손님 안방으로 모실게요.

친구가 골라줘서 큰맘 먹고 겨울코트를 하나 구입했다. 엄마가 이거 개콘 소품이냐고 물어봤다. 친구한테 절교 문자를 보내야겠다. 엄마 고마워요.

신선한 연대기가
필요한 자기소개서

하루에도 수십 통씩 쏟아지는 이력서와 자기소개서, 혹은 면접 속에서 자신의 것이 선택되기를 바란다면 남들과는 다른 개성 있는 어떤 무기가 필요하다. 특히 IT기업, 광고, 영업, 판매직 분야에 지원하는 자기소개서는 개성이 큰 무기다. 하지만 무작정 튀는 자기소개서를 써선 안 된다. 너무 튀어 눈살을 찌푸리게 하지 않으면서 자기만의 개성을 잘 드러낼 수 있어야 한다. 거기에 사람을 집중시키는 스토리 라이팅이 필요하다. 이것이 '어, 이거 뭐지? 재미있네.' 하고 좀더 읽어보게 만들고 '쟤, 물건이네.' 하며 귀 기울이게 만드는 힘이다. 이 힘은 나만의 스토리로 풀 수 있을 때 가능하다.

스토리 라이팅은 밋밋한 검정색 정장을 입은 내 옷차림에 멋지고 눈에 띄는 화려한 스카프를 코디해 주는 것과 같다. 스타일이 살아 있고 뭔가 세련되어 보이는 게 시선을 확 끈다. 시선을 끌어야 선택이 되고, 선택이 되어야 비로소 나의 진가를 보여줄 수 있다. 어떤 옷을 입고 어떤 스카프로 포인트를 주며 스타일을 만들 것인지 고민해야 하는 일이 바로 자기소개서의 스토리 라이팅이다. 고민이라고 해서 너무 진지하게 심각하게 하지 말고 흥미롭고 가볍고 즐겁게 해야 성과도 좋다. 원래 스토리는 재미있고 흥미로운 것이기 때문이다.

스토리의 기둥 세우기

내 경험, 내 이야기 발굴에 집중하자

기업 인사담당자나 면접관들은 지원자의 다양한 경험 속에서 잠재 역량을 파악하려고 한다. 실제 자기소개서의 작성 항목이 경험 중심으로 바뀌었고, 면접에서도 지원자의 경험에 대한 질문들을 끊임없이 반복하고 있다. 그렇기 때문에 본인만의 스토리를 만들기 위한 다양한 경험을 지속적으로 반복하는 것이 필요하다. 평소 많은 경험을 해두는 것이 좋고 자신의 경험을 발굴하는 것이 중요하다. 그렇다고 무턱대고 많은 경험이 아니라 다른 지원자들이 가지지 못한 녹특한 경험, 지원 직무와 연관된 현상 경험이 중요하다. 서질 스펙에서 열등감을 가지는 것이 아니라 부족한 스펙을 뛰어넘을 자신만의 경험이 곧 인사담당자나 면접관이 가장 선호하는 진정한 스펙

임을 명심해야 한다.

경험을 스토리화하며 자기 노력과 역할을 표현하자

경험을 나열하는 것에 그쳐서는 효과가 없다. 다른 지원자들이 가지지 못한 독특한 경험, 지원 직무와 연관된 현장 경험이라 할지라도 이 경험과 스토리에서는 결과나 상황을 단순히 설명해서는 안 된다. 본인의 노력과 역할에 보다 많은 분량을 할애해야 하며, 이 노력과 역할이 창의적이고 도전적으로 기술되어야 한다.

이것을 좀더 효과적으로 진행하기 위해 종이에 주요 키워드를 먼저 적어 다양한 경험을 도출하는 마인드맵 방식으로 활용하면 좋다. 누구나 인정하는 큰 경험이어야 한다고 생각하면 마인드맵의 가지가 풍성해질 수 없다. 아주 작은 경험, 아주 작은 역할이나 노력일지라도 모두 적어보도록 한다. 그걸 하루에 다 하려고 하지 말고 2주에서 한 달 정도 생각날 때마다 메모하고 기록하여 수정을 거치며 알짜배기로 만들어나가야 한다.

스토리를 뻥 튀기지 말자

입사지원서에서 인사담당자의 눈길을 끌기 위한 구직자들의 치열한 경쟁이 과장 및 허위사실 등으로 변질되는 경우가 종종 발생한다. 하지만 진심과 솔직함으로 다가서야 취업에 성공할 수 있다. 취업 포털 '사람인'이 인사담당자 275명을 대상으로 '최고의 자기소개서 유형'을 조사한 결과, 솔직하고 진솔한 자신만의 이야기를 서술한 '솔직담백형'이 28.4%로 1위를 차지했다. 때문에 구직자들은 기업에서 선호하는 인재상에 맞춰 솔직한 경험을 토대로 자기소개서를 작성한다면 좋은 평가를 받을 수 있을 것이다.

스스로에게 자신이 없으면 과대포장의 유혹에 빠지기 십상이다. 하지만 베테랑 인사담당자들은 지원자의 경험이 있는 그대로인지, 과대포장인지 바로 눈치챈다. 작은 경험이지만 이를 통해 큰 소득을 얻었다면 그 경험의 스토리를 구체적으로 밝히는 게 바람직하다.

스토리에 살 붙이기

화자나 시점을 바꿔보자

문장의 개성은 화자나 시점視點, 용어, 문체 등을 통해 드러나기 마련이다. 이 중에서 시점은 가장 손쉽게 개성만점 자기소개서로 향하는 지름길이 될 수 있다. 보통 자기소개서는 1인칭 시점, 즉 '나' 스스로 화자가 되어 이야기를 풀어나가는 방식으로 서술한다. 가장 평이하고 무난하지만 그만큼 튀는 맛은 덜하다. 공무원이나 금융권 등 다소 보수적이고 틀이 있는 조직에 지원한다면 1인칭 시점이 적절할 수 있다. 그러나 자기소개서를 통해 신선한 느낌을 어필하고 싶다면 3인칭 시점을 권한다. 특히 3인칭 시점은 1인칭 시점에 비해 객관적이고 치우침이 없다는 느낌을 줄 수 있고, 그만큼 인사담당자에게 설득하는 데 유리하다.

첫 문장에서 마음을 빼앗아라

계속 읽고 싶게 만드는 데는 첫 세 줄이면 된다. "저는 어려서부터…", "저는 지난 직장에서는" 정도라면 위험하다. 평범하지 않은 자신만의 경험으로 시작한다거나, 가장 감명 깊게 읽은 책이나 본 영화의 인상적인 장면으로 시작한다거나 하는 방식도 있을 수 있다. 상상력을 발휘하며 자기소개서의 첫 문장을 멋지게 장식한다면 그 다음이 궁금해진다. 인사담당자의 시선을 붙들면 절반은 성공한 셈이다.

> **사례** 나는 어머니에게 뼈가 아프고 살이 아픈 자식이다. 성장기 내내 어머니는 나 때문에 마음 졸이고 간장이 타들어가셨다.

별것도 아닌 걸 재미있게 말하는 사람을 따라 하자

모방은 창조의 어머니라고 했다. 도저히 스토리를 만드는 일이 힘에 부친다면 머리를 감싸쥐고 머리칼을 잡아당길 필요가 없다. 커닝도 하고 벤치마킹도 하고, 잘 썼다고 평가받는 원고를 그대로 베껴 써놓고 자기에 맞춰 고쳐 쓰는 연습을 해보자. 별것도 아닌 이야기를 재미있게 잘 전달하는 능력을 가진 사람을 관찰하고 따라 해보는 것도 좋다. 잘 쓴 스토리를 되도록 많이 읽고, 재미있는 이야기를 자주 들으며, 자기 특성에 맞게 글을 써보는 연습을 하면 언젠가 자기만의 스토리가 완성될 것이다.

저질 스펙과 경험 부족을 스토리로 극복한다.

현재 내 모습을 인정하고 과거의 부족함이 약이 된 스토리
당장 스펙을 업그레이드할 방법이 없다면 완벽한 스펙에 대한 환상을 버린다. 자신의 객관적 상황을 인정하면서도 한편으로는 이를 극복할 수 있는 무기를 만든다.

> **사례** 학창시절의 방황은 시간과 비용의 낭비를 생각하면 없었으면 좋았을 일이다. 하지만 그 모습도 보듬어야 할 한때의 내 모습이다. 이제 와서 없던 일이 될 수도 없다. 하지만 분명한 건 일찌감치 그런 방황의 경험이 있었기 때문에 앞으로는 길을 잃지 않고 목표를 향해 매진할 수 있는 힘을 얻었다.

세상을 좀 아는 사람의 스토리
비교적 신입사원이라면 뻔한 모범생 스타일보다 세상을 좀 아는 사람처럼 보이는 스토리를 구사하는 것이 좋다. 공부는 안 해서 학점은 낮았지만 세상에서 배운 경험을 스토리 라이팅한다. 큰 거 하나보다는 오히려 작고 사소한 경험 두세 개가 낫다. '아르바이트를 했다'가 아니라 '아르바이트 중에 이런 일이 있었다'로 쓴다.

> **사례** 대학 입학 때부터 수많은 아르바이트를 했다. 백화점에서 아르바이트할 때 까다로운 중년여성 고객들에게는 어머니가 알려주신 노하우

로 정보를 제공하여 많은 상품을 팔았다. 배달사업을 하기 위해 친구와 동업도 했는데 준비과정과 자금문제로 결국 갈등이 생겨 실패했다. 지금이라면 그런 갈등은 애초에 생기지 않도록 할 자신이 있다.

고급 경험이 부족한 스펙을 덮는 스토리

진출하고 싶거나 이직하고 싶은 분야에서 지속적으로 양질의 현장 경험을 쌓는다. 지원 직무와 연관된 경험에 집중하며 누가 봐도 매력적일 만한 경험을 했다. 양질의 경험을 위해 무급이라도 좋다며 도전했던 스토리 같은 게 좋은 예다.

> **사례** 지방 국립대를 나왔고 학점도 그리 좋지 않았다. 전공 공부는 적당히 하고 다른 것에 몰두했기 때문에 스펙이라고 할 만한 걸 준비하지 못했다. 하지만 영화 보기를 좋아하고 인문학 서적을 대학생활 4년간 100여 권 넘게 읽었다. 신문방송학을 복수전공한 덕분에 대기업 계열 회사의 영화기획팀에 입사한 경험이 있다.

간절함과 절박함이 묻어나는 스토리

사람이 막다른 곳에 있다고 생각되거나 간절하고 절박해지면 체온이 올라가고 두뇌도 활성화된다. 백척간두에 서면 이판사판, 죽기 아니면 까무러치기 심정이 되어 한순간 못 할 것이 없어진다. 에스키모인들에게 냉장고를 팔고 아프리카 사람들 집에 온돌도 놓을 기세로 체면을 멀리 던져버리고 정면승부를 펼쳐보자.

사례 아버지는 젊은 시절부터 감귤 농사를 하셨다. 언제부턴가 아버지는 자꾸 고향으로 내려오라 하시지만 나는 '조금 나중에'라고 말씀드린다. 정말 내가 하고 싶은 건 정직하게 농사 지은 아버지의 감귤을 전국에 파는 일이기 때문이다. 유통업을 더욱 열심히 공부하는 것도 그 때문이다. 아버지의 감귤을 파는 심정으로 유통되는 그 모든 상품에 애정을 가지고 일할 준비가 되어 있다.

깨달음을 가져온 실패 스토리

성공담만 있으면 재미없다. 자신의 실패 경험을 복기하는 것은 더 의미 있다. 나의 실패 이유는 무엇이었을까? 단순히 저질 스펙 때문인가? 그 속에서 자기 스스로에게 물어보고 깨달은 것을 서술한다.

사례 우쭐했던 적이 있다. 컴퓨터 툴을 이용한 내 표현 기술에 친구들이 감탄할 때였다. 친구들이 칭찬하고 감탄할수록 내 작품의 표현 기교는 날로 늘었다. 그런데 '와~ 대단하다.', '이건 어떻게 했어? 아이디어 좋은데.' 하는 탄성도 돌아서면 그뿐, 내 작품은 누구의 입에도 다시 오르지 않고 금방 잊혀졌다. 반면 다른 친구들 작품은 굉장히 심플하지만 시간이 지나도 친구들 사이에 이야깃거리가 되었다. 처음엔 무엇이 문제인지 몰랐는데 그런 일이 반복되니 표현 기교나 기술만으로 사람들의 마음에 남는 작품이 되지 않는다는 사실만은 분명히 알게 되었다.

5장 스토리로 설득하는 차별화된 비즈니스 문서

기획서는 연애편지
같으면 안 될까

청년 실업 80만 시대를 관통하는 젊은이들에게 글쓰기는 학점보다 골치 아픈 존재다. 수십 대 일의 경쟁률을 뚫고 취업에 성공하기 위해선 스펙 못지않게 스토리텔링이 중요하다고 한다. 문제는 그 '스토리'를 글로 풀어나가는 데에 서툴다는 사실이다. 한 100번쯤 서류 내면 될까? 이 바늘구멍 같은 관문을 뚫고 어렵사리 입사했다고 해도 마찬가지다. 기획서·보고서·제안서 등 써야 할 글이 넘친다. 글을 잘 쓰지 못하면 직장생활 하루하루가 고달프다. 글쓰기는 가장 중요한 업무능력인데, 산 하나 넘으면 또 산이다. 비명이 절로 나온다.

실무능력이 전무한 초보요리사가 호텔에 취직하면 무엇부터 할까?

아마도 조리실 바닥부터 청소하고 설거지에 양파 까기 같은 것 하면서 '나 언제쯤 칼 한번 잡아볼까?' 한다고 알고 있지만 그것도 옛말이다. 요즘은 설거지며 청소하는 사람 따로 구하고 양파는 다 까서 들어온단다. 바로 칼 잡을 수 있다는 말이다.

이미 우리는 선행 사회가 되었다. 학교에선 "니들 이거 학원에서 다 배웠지?" 하면서 진도 팍팍 나가고, 기업은 교육비용도 줄이고 실전에 바로 투입할 수 있는 인재를 원한다. 적당히 기업을 알고 어떤 식으로든 조직이나 사회를 경험한 사람을 좋아한다. 인턴사원 경험이 있는 사람, 아르바이트 하나라도 돈을 벌어보고 실전에서 놀아본 사람, 공모전 같은 걸 통해서 기업에서 열정과 창의력을 인정해준 사람, 책상머리를 떠나 많은 경험을 통해 일머리를 좀 아는 그런 사람들을 선호한다.

이런 상황이니 신입사원이든 말단사원이든 상사는 직원들이 보고서를 척척 쓰기를 바란다. '하지만 글쓰기는 좀 다르다고요. 차라리 날 몸 쓰는 현장으로 보내주오.' 하고 호소하는 사람도 있을 것이다. 반듯하게 양복 입고 출근했지만, 글쓰기에 맞닥뜨리면 차라리 양복 상의 벗어던지고 '몸으로 때우는 게 차라리 낫다.'고 생각하는 사람도 있다.

이럴 땐 한 가지 방법이 있다. 내가 지금 연애편지를 쓴다고 생각하는 것이다. 요즘은 연인들이 문자메시지나 전자메일로 마음을 나누지만 형식이야 어떻든 각 내용에 담긴 감정은 모두 비슷할 것이다. 연인을 사랑하고 아끼고 소중하게 생각하는 마음은 어떤 식으로든 표현되어 있다. 그런 관점에서 기획서도 사랑하는 연인에게 쓰는 연애편지라고 생각하자. 내 기획서를 평가하는 사람을 사랑하긴 힘들다. 하지만 평가자의 마음을 사로잡고 공감을 불러일으키며 그 사람의 마음에 가 닿으려는 노력은 연애편지를 쓰는 일과 크게 다르지 않다. 무엇을 이야기하든 서로 공감하고 마음 궁합을 맞춘다는 전제 아래 이야기를 건네는 느낌으로 시작한다.

'나'를 버리고 '당신'을 먼저 생각하는 시선

한국에 수많은 독자를 거느린 철학자 알랭 드 보통Alain de Botton은 사랑에 빠진 사람은 관점이 '나'에서 '상대'로 바뀐다고 했다. '나는 누구인가'에서 '나는 상대에게 누구인가'로 바뀐다는 것이다. 내가 좋아하는 것보다 상대방이 좋아하는 것을 먼저 생각하고, 내가 보고 싶은 영화보다 상대방이 보고 싶어 하는 영화를 고른다. 물론 연인들이 늘 그러는 건 아니다. 사랑에 빠져 정신 못 차리는 시간이 지나고 어느 정도 서로에게 익숙하고 편안해지기 시작하면 슬슬 다시 '나'부터 생각하는 관점으로 돌아가기도 한다.

어쨌든 사랑에 빠진 연인의 초기 상태를 생각하면 분명 나보다 상대를 먼저 생각하는 게 맞다. 바로 이런 때 주고받는 편지에는 애인을 위해서라면 아까운 말이 없다. 연인을 감동시키기 위해 최상의 표현, 최고의 의미를 부여할 것이다. 내가 그 사람을 사랑하는 만큼 상대도 나를 그렇게 사랑해 주길 기대한다.

나보다는 상대방이 어떻게 받아들일지 생각하며 쓴다는 점에서 기획서는 연애편지와 아주 닮아 있다. 기획서를 연애편지처럼 쓴다면 감성이 더해져 상대방에게 부드럽게 전달될 것이다. 내용은 물 흐르듯 자연스러워지고 자동적으로 스토리텔링이 되어간다. 숫자가 시도 때도 없이 튀어나오고, 논리가 뒷받침되어 금방 딱딱하고 건조하기 쉬운 내용을 '이야기를 가진 그릇'에 담아 연애편지처럼 전달해 보자.

물론 아무리 사랑하는 마음이 넘쳐도 연애편지를 마음만큼 잘 쓸 수 있는 게 아닌 것처럼, 아무리 아이디어가 좋다고 해도 좋은 기획서가 되는 건 아니다. 또 아무리 연애편지를 잘 쓴다고 해도 그 사랑이 꼭 이루어지는 일이 아닌 것처럼, 기획서만 잘 쓴다고 해서 기획서가 반드시 성공적인 결과를 가져오는 것도 아니다.

사실 기획서를 '쓴다' 고 하지만 사실은 '짜여진다' 고 하는 것이 맞다. 훌륭한 아이디어와 이를 뒷받침하는 든든한 정보들에 많은 노력을 들이고, 이것들이 유기적으로 잘 짜여져 설득력이 있어야 하기 때문이다. 부분 부분이 잘 조직되어 전체를 이루고 있는가가 매우 중요하다. '실행'에 옮겨질 수 있도록 구체화한 과정이 '해볼 만한데' 라는 생각이 들도록 기획 단계의 아이디어가 잘 드러난 것이 잘 쓴 기획서다. 아무리 좋은 기획이라고 해도 기획 단계에서 실행 단계로 넘어가지 않는다면, 능력 없는 기획자의 자기만의 공상에 지나지 않는다.

기획서를 읽고 이것을 실행에 옮길지 말지 결정하는 의사결정자를 설득해야만 인력·시간·비용 등 전반적인 지원을 받을 수 있다. 실패냐 성공이냐는 도전을 해보아야 알 수 있는 일이니, 이는 그 다음의 일이다.

스토리는 기획서를 읽는 의사결정자가 실행을 결정하도록 설득하는 과정에서 필요한 것이다. 연인의 마음을 울리거나 사로잡거나 혹은 아예 보고 싶어 한밤중에도 달려오게 만들려면 계속 '사랑한다', '보고 싶다', '너밖에 없다', '빨리 같이 살고 싶다' 라는 말만 할 수 없다. 계속 그런 말만 한다면 그 말이 좋은 말인데도 나중엔 감동도 없고 무감각해진다. 반면, 그때그때 보인 좋은 모습들을 콕 집어 구체적으로 이야기해서 칭찬하면 그게 사랑한다는 말보다 더 큰 느낌으로 다가온다.

"너 오늘 내 친구들하고 만났을 때, 친구들 앞에 수저 놔주는 모습이 예쁘더라. 내 친구들도 그게 좋아 보였는지 부러워해. 근데 한번 했으니까 됐어. 다음엔 나한테만 해줘^^"

"요즘 너무 바쁘고 힘든 것 같아 보여서 나도 연락을 자제했는데,

오늘 회사 앞에 '짠~' 나타나서 나 완전 감동했어. 좀 핼쑥해진 것 같은데 그게 이상하게 더 멋지네. 정말 일 열심히 했구나. 내 메시지 몇 번 무시한 거 용서해 줄게."

　이렇게 어떤 행동이나 상황을 구체적으로 이야기해 주면 보기 좋다. 예쁘다, 멋지다, 사랑스럽다, 다시 보인다 같은 말보다 훨씬 설렌다.
　이런 좋은 아이디어가 있다, 이건 정말 된다, 어디에도 아직 이런 건 없다고 말하기 전에 소비자의 관심을 끌 수 있는 이야기로 마케팅할 수 있어야 한다. 내가 제안하고 싶은 것을 고백하는 마음으로 연애편지 쓰듯 스토리텔링해서 전달한다면 설득력은 더 높아진다.

짝사랑 하는 그(그녀)에게 처음 쓰는 편지

　서로 좋아하는 마음을 확인한 후 연애편지를 쓰는 건 어려운 일이 아니다. 이미 상대의 마음을 얻고 싶어서 노력하고 상대의 마음은 어떤지 탐색하는 시기는 지났기 때문에 편안하다. 그야말로 말도 안 되게 혀 짧은 소리로 유치찬란한 이야기를 나누든, 닭살 돋는 멘트를 날리든 전혀 문제가 될 것이 없다.
　그런데 기획서는 기본적으로 짝사랑하는 사람에게 보내는 연애편지다. 상대는 나를 아직 사랑하지 않는다. 내가 사랑을 고백하여 그의 마음을 얻어내야 하는 편지다. 당연히 쉽지 않다. 어떻게 하면 그 사람의 마음에 들까, 어떻게 하면 그 사람이 감동할까, 좀더 나아가 어떻게 하면 유혹할 수 있을까를 고민한다.

첫인상을 가꿔라

연애편지는 상대방이 읽어주고 그 마음을 받아주어야 성공이다. 아무리 많은 편지를 썼다 해도 안 받아주면 그만이다. 누구나 말끔한 헤어스타일에 단정한 옷차림을 하고 미소 짓는 사람과 더 이야기하고 싶어진다. 이처럼 기획서도 첫인상이 좋아야 호감을 가지고 끝까지 읽게 된다. 채택되지 않은 기획서는 휴지조각이다. 상대를 설득하고 채택되려면 우선 상대방이 기획서를 읽게 만들어야 한다.

첫인상을 좋게 하기 위해서는 기획서를 전체적으로 산뜻하고 보기 좋게 만들어야 한다. 표지, 제목, 색상 등 눈에 확 띄는 기획서로 처음부터 상대의 마음을 사로잡아야 한다. 어떤 스토리가 연상되고 어떤 인상이 감지되는 기획서가 되도록 정성을 들여 작성해야 한다. 그래프와 도표 등 이미지를 적절하게 활용하거나 색상을 활용해 보기 좋게 만들어야 한다. 글씨체와 레이아웃에 신경 써야 한다.

짧고 강렬하고 간절하게 어필하라

구구절절 더듬더듬 우물쭈물 지리멸렬하면 퇴짜 맞기 십상이다. "당신을 처음 본 것은…" 이렇게 시작해서 마치 스토커처럼 당신이 이랬을 땐 내 마음이 하늘을 날 듯했고, 당신이 저랬을 때 내 마음은 나락으로 떨어졌다는 둥 이러면 안 된다. '이 사람이 도대체 무슨 말을 하는 거야?' 하고 편지를 휙 집어던질지 모른다. 단도직입적으로 짧고 강렬하게 마음을 담아 그 사람 마음에 꽂혀야 한다. 잠시 '헉~'했다 해도 긴 편지에 지루해지느니 생각할 시간을 주는 편이 낫다.

마찬가지로 기획서는 상대방을 설득하고 그가 결정을 내리도록 해야지 상대방에게 정보를 제공하기 위한 문서가 아니다. 따라서 지나치게 많은 정보를 담아 길게 쓸 필요가 없다. 읽는 사람을 배려해 가능하면 한 장으로 끝내는 것이 좋다. 길면 그만큼 상대의 시간을 빼앗는 것이다. 특히 윗사람들은 긴 기획서를 대체로 싫어한다. 짧게 쓰되 상대방을 끌어당길 만한 설득 요소를 담아야 하고, 육하원칙에 따라 치밀하게 작성해야 한다. 한정된 지면에 많은 내용을 담아야 하는 만큼 적절한 단어를 골라 압축적이면서도 조리 있게 표현하는 능력이 필요하다.

문장은 간결하게 써야 이해하기 쉽다. 적절한 단어로 압축적으로 표현하며 육하원칙을 따른다. 일단 길게 풀어쓸 수 있으면 쓰다가 불필요한 말을 줄이고 압축적인 말로 대체하며 줄여나가는 훈련을 하면 된다. 그렇다고 전문용어나 약자를 남발해서는 안 되며, 추상적인 표현은 피하고 정확하고 논리적으로 쓰도록 한다.

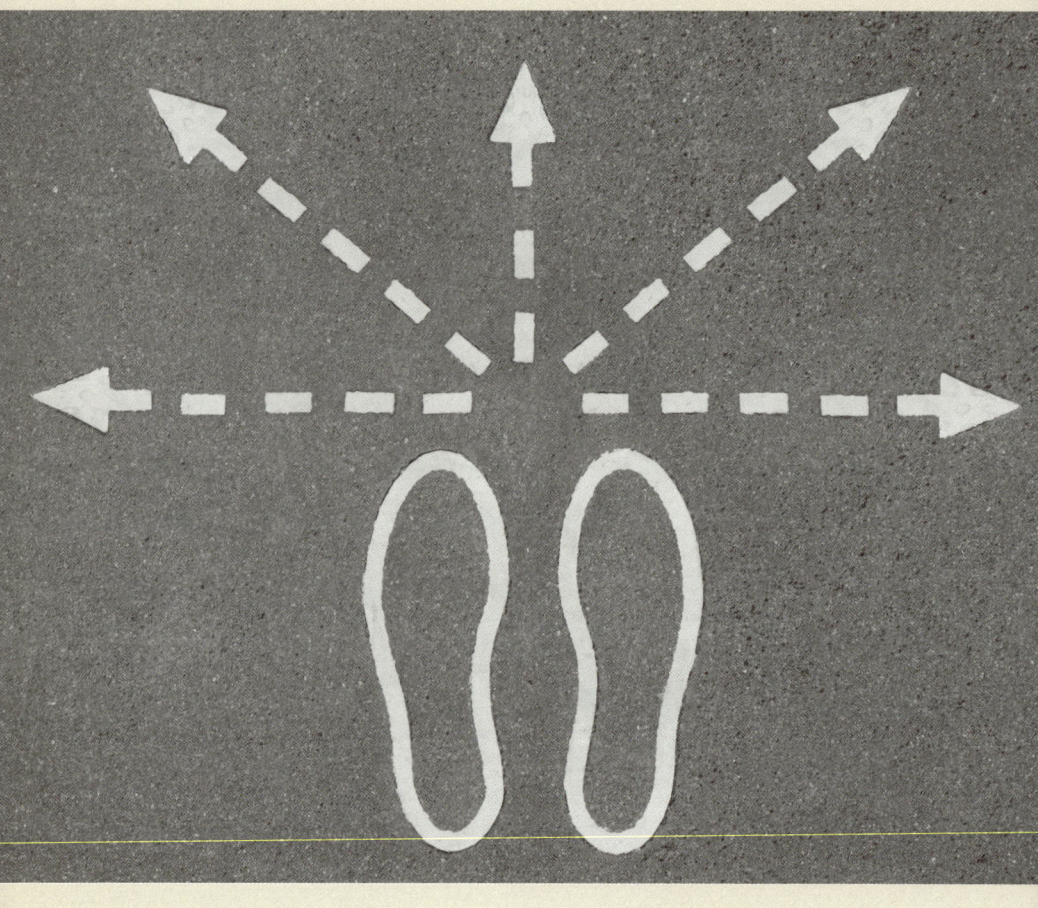

윗사람들은 긴 기획서를 대체로 싫어한다.
짧게 쓰되 상대방을 끌어당길 만한 설득 요소를
담아야 하고, 육하원칙에 따라 치밀하게 작성해야 한다.
추상적인 표현은 피하고 정확하고 논리적으로
쓰도록 한다.

그 사람이 좋아할 이야기를 하라

소개팅을 하든 데이트를 하든 편지를 쓰든 이야기는 언제나 그 사람이 좋아할 화제로 해야 한다. 그러려면 상대를 많이 알아야 한다. 상대방이 어떤 사람인지, 어떤 회사에서 일하는지, 무엇을 좋아하는지 취미나 기호를 미리 알면 성공 확률이 높아진다.

기획도 마찬가지다. 기획을 실행하는 것이 기획서의 목적이므로 설득 대상인 상대방에 대해 아는 것이 급선무다. 회사의 경우 홈페이지를 이용하면 쉽게 정보를 얻을 수 있다. 그래야 상대가 좋아하는 흥미로운 내용을 담을 수 있다. 매력적인 내용으로 상대의 흥미를 끌 수 있어야 그만큼 채택될 가능성이 커진다.

시간·비용·효율성 등 여러 면에서 상당한 효과나 이득을 얻을 수 있다는 사실을 보여주면 상대가 흥미를 느낄 수 있다. 특히 이전에 없던 새로운 방법임을 보여주거나 비용을 상당히 절감할 수 있다는 사실을 일깨워주면 상대가 흥미를 느끼기 쉽다.

첫 번째 편지에서 결혼하자고 말하지 말라

욕심을 내면 안 된다. 사랑을 고백하며 그 마음도 아직 접수되지 않은 상황인데 결혼 이야기까지 꺼내면 안 된다. 첫 번째 편시에는 사랑한다는 말이 핵심이다. 그 마음을 잘 전달해서 받아주도록 하는 것이 최종 목적이다.

하나의 기획서에도 여러 가지 목적이 담겨 있으면 좋을 것 같지만, 사실 이건 하나의 목적도 전달하지 못하는 것과 같다. 어느 부분이 핵심인지 분명치 않기 때문에 기획서를 읽어봐야 제대로 그 내용이 들어오지 않는다. 무슨 의미인지 명확하게 와 닿지 않는 기획서는 대부분 목적이 분명하게 하나로 모아지지 않은 경우다. 예를 들어 한 기획서에 상품 개발, 상품 생산, 마케팅 계획 등이 똑같은 비중으로 들어있다면 그 효과는 반감되게 마련이다. 신상품 개발에 관한 기획서인지, 어떤 상품에 대한 마케팅 기획서인지, 하나의 목적에 집중해야 한다. 이 모든 것을 다루고 싶다면 따로따로 작성해 제출하는 것이 좋다.

그 사람과 하고 싶은 일들을 알려라

사랑하는 마음만으로는 부족하다. 사랑하는 당신과 이런 걸 함께 나누고 싶다, 당신과 이런 것들을 함께 해보고 싶다는 등의 계획을 밝힌다. 함께 나누고 싶은 일들이 내가 좋아하는 일이 아니고 상대방이 하고 싶은 일, 할 수 있는 일 중심이어야 한다. 상대방의 취향과 성향을 고려해서 데이트할 땐 어떤 일을 하고 싶은지 간단하게 쓴다면 좋다.

이처럼 기획서도 아이디어 실행을 위한 구체적인 전략과 실천사항을 잘 전달해야 한다. 어떤 목적을 위해 누가, 언제, 어떻게, 무엇을 해야 하는지 등 행동계획이나 실행계획을 분명하게 쓴다. 상대에게 어떤 행동이 필요한지를 쉽고도 간결한 표현으로 정확하게 알려주면 그에 따른 행동이 명쾌해져 설득력이 높아진다.

한 기획서에 상품 개발, 상품 생산, 마케팅 계획 등이 똑같은 비중으로 들어 있다면 그 효과는 반감되게 마련이다. 하나의 목적에 집중해야 한다. 이 모든 것을 다루고 싶다면 따로따로 작성해 제출하는 것이 좋다.

눈과 귀를 모으는
프레젠테이션 원고 쓰기

우리나라 사람들은 앉아서 하는 이야기는 잘 하는데 서서 하는 이야기엔 어려움을 느낀다. 앉아서는 정치, 경제, 사회, 연예 뉴스에서부터 국제사회의 이슈까지, 거기에 더해 소설 수준에 이르는 음모론까지, 듣는 사람이 어디서 어떻게 말을 끊어야 할지 모를 정도로 달변인 사람들이 많다. 그런데 정작 그런 사람들이 이야기를 들을 준비가 되어 있는 사람들 앞에서 일어서서 말을 시작하려면 머릿속이 하얘지고 아무것도 생각나지 않는다고 호소한다.

무대울렁증이 없는 한국 사람은 별로 없을 것이다. 우리가 교육받은 방식이 굳이 일어나서 이야기할 필요가 없는 방식이었다. 수업시간에 조용히 앉아서 듣기만 하는 수업시간을 거의 대학교 때까지 이어온 것을 생각하면 아무리 경력 있는 직장인이라도 프레젠테이션을 할 때마다 어려움을 느끼는 것이 당연할지 모른다.

하지만 어려워도 자신의 경력을 쌓으려면 프레젠테이션을 잘하는 일은 필수 관문이다. 경력이 쌓여갈수록 기획력을 갖추는 것도 중요하지만, 자신의 기획력을 솜씨 좋게 표현하는 것도 중요하기 때문이다. 그럼에도 아직 프레젠테이션 수준이 '보고'에 그치는 수준인 경우가 많다. 대부분이 빽빽하게 채운 슬라이드 화면을 띄워놓고 지루하게 읽는 것으로 대신하는 '읽기 프레젠테이션'이다. 상사나 동료들은 차라리 이걸 출력해서 보는 것이 낫다고 생각한다. 그렇다면 프레젠테이션 원고는 파워포인트 기획서와 어떻게 달라야 할까?

한 편의 연극을 무대에 올린다는 생각으로 대본을 써라

프레젠테이션의 목적은 '기획서 읽어주기'도 '보고하기'도 아니다. 프레젠테이션은 상대방을 설득하려는 나의 기획이므로 상대의 마음을 움직이는 것이 그 목적이다. 그런데 기획서를 줄줄 읽는다면 상대방의 마음을 움직이기는커녕 꿈쩍도 안 할 것이다. 내 프레젠테이션을 듣는 상대방에게 눈높이를 맞추고 그들의 감성을 자극하며 꿈과 열정, 비전을 공유할 때 비로소 상대방의 마음에 변화가 일어난다. 이 모든 것을 프레젠테이션을 하는 동안의 짧은 시간에 이끌어내야 한다. 그러려면 스토리를 구현하는 배우 기질이 필요하다. 단순하게 정보를 전달하는 것이 아니라 마음의 변화를 일으키는 깜짝 체험을 제공해야 한다. 무대 위에서 흡인력과 장악력이 있어야 한다. 이를 위해 시나리오가 필요하다. 시나리오, 즉 프레젠테이션 원고는 누군가에게 보여주기 위한 글이 아니다. 슬라이드 화면만 보고도 매끈하게 잘 프레젠테이션할 수 있다면 쓰지 않아도 상관없지만, 사실 그럴 수 있는 사람이 드물다. 프레젠테이션은 누구에게나 긴장되고 어려운 일인 만큼, 사전 원고를 만들어서 연습한다면 훨씬 자신감이 생길 것이다.

물론 사람마다 프레젠테이션의 노하우는 모두 다르다. 하지만 사람들에게 박수 받는 프레젠테이션은 공통점이 있다. 눈을 뗄 수 없는 흡인력을 가진 드라마나 영화를 보는 것 같다는 점이다. 따라서 프레젠테이션을 해야 한다면, 한 편의 연극을 무대에 올린다는 생각으로 일종의 '대본'을 써야 한다. 프레젠테이션 원고는 대본이라 할 수 있다.

우선 기승전결이 뚜렷한 스토리텔링은 필수적으로 있어야 한다. 인상적인 오프닝과 클로징, 적절한 반전과 하이라이트, 깨알 같은 유머와 정보, 자연스러운 제스처가 보여주는 몸짓언어를 보여주며 듣는 사람과 무대를 공유하는 것이 프레젠테이션 성공에 필요한 요소들이다. 유머 감각은 선택이 아닌 필수다. 프레젠테이션을 하는 동안 굳은 표정으로 지켜보던 사람들을 단 한 번이라도 웃게 만든다면 그 프레젠테이션은 성공한 것으로 봐도 좋다.

물론 이렇게 프레젠테이션이 흥행에 성공하기란 말처럼 쉽지 않다. 대본을 잘 쓰는 것에서 그치지 않고 그 대본을 자연스럽게 다시 자기 것으로 '최대한 자연스럽게, 최대한 여유롭게, 최대한 세련되게' 표현하는 것은 더욱 어려운 일이기 때문이다. 이것은 연극배우들과 같은 과정을 거치면 된다. 배우들은 대본이 나오면 무대에 오르기 전까지 엄청난 연습을 한다. 무대에서 보여주는 놀라울 정도의 자연스러움은 부단한 연습에서 나온다. 프레젠테이션의 교과서를 말할 때 스티브 잡스가 손꼽히는데, 그만큼 그는 프레젠테이션을 잘하기 위해 수백 시간을 연습하고 리허설을 하던 연습 벌레였다.

평창올림픽 유치위원회 대변인이었던 나승연 씨는 프레젠테이션 대본을 100번 이상 읽으라고 한다. 그래야 온전히 자신의 것으로 소화할 수 있고 설득력 있는 프레젠테이션이 된다고 말한다. 또한 연습하는 동안 자기 목소리를 녹음하고 이를 다시 들으면 청중에게 어떻게 들리는지 알 수 있으므로, 목소리의 강약과 어조를 조절하여 가장 듣기 좋게 고칠 수 있다.

성공하는 프레젠테이션은 이유가 있다

쓰기 전에 그린다

프레젠테이션의 핵심은 이야기의 뼈대를 잘 세우는 것이다. 집이라면 설계도일 것이고, 영상물이라면 스토리보드일 것이다. 글을 쓰기 전에 도화지에 그리자. 손으로, 아날로그 방법인 손으로 구조를 그리고 뭔가를 채워나가다 보면, 그냥 막연하게 머릿속에만 있던 개념이 의미 있는 기획으로 진화되는 것을 느낄 수 있다.

논리는 잠시 잊고 스토리를 생각한다

기획서 원고가 목차 중심으로 논리를 전개한다면, 프레젠테이션 원고는 바로 스토리 중심이어야 한다. 친구에게 재미있는 이야기를 들려주듯이, 할머니가 손자에게 구연동화를 들려주듯이, 청중이 내 이야기에 귀를 기울이며 빠져들 수 있게 해야 한다.

청중의 감정 높낮이를 따라간다

프레젠테이션 원고는 스토리를 중심으로 듣는 사람의 공감을 구할 수 있어야 한다. 그러려면 내가 전개하는 스토리를 청중은 어떻게 인식하고 어떤 감정을 느낄지 고민해야 한다. 최대한 청중의 마음이 되어 객관적이고 이성적으로 감정의 흐름을 따라가며 써야 한다. 이 부분이 재미있을까? 한번쯤 여기서 빵 터질 수 있을까? 이 부분이 수긍이 갈까? 지루하지 않을까? 좀 황당하다고 느끼지 않을까? 여기서 깜짝 놀랄 수 있을까? 하는 질문들을 스스로에게 던지며 검증해야 한다.

기억에 남을 헤드라인을 만든다

신문기사든, 기획서든, 보고서든, 이메일이든 제목은 아주 중요하다. 핵심을 압축시킨 인상적인 헤드라인이 없으면 프레젠테이션에서 전하려는 일관된 메시지를 확실히 남기기 힘들다.

헐렁한 슬라이드에 깨알 스토리를 준비한다

슬라이드에 정보의 양이 많다고 좋은 프레젠테이션은 아니다. 슬라이드는 버리고 줄이고 단순화시켜야 가독성도 높아지고 설득력도 함께 높아진다. 또한 슬라이드를 빡빡하게 채우지 않아야 프레젠테이션 원고를 융통성 있게 쓸 수 있다. 역사든, 예술이든, 유머든, 어떤 스토리든 자유롭게 끼워 넣으며 설명하기가 좋다.

한 장의 핵심 이미지로 하고 싶은 말을 한다

공자는 "들으면 잊는다. 보면 기억한다. 행동하면 이해한다."고 말했다. 내가 전하고자 하는 메시지의 핵심에 가장 가까운 그림을 표현해 보여준다. 한 장의 그림에는 더 많은 이야기를 담을 수 있다. 어쩌면 그 이야기에서 빠져나오기가 힘들지 모르지만 한 장의 강렬한 그림과 풍성한 스토리는 오래오래 기억에 남을 것이다.

숫자에도 생명을 불어넣는다

프레젠테이션에는 숫자가 많이 나온다. 그 숫자도 있는 그대로 쓰지 말고, 머리에 그려지도록 쓰자. 그냥 막연히 30GB라고 하지 말고 '노래 7,500곡, 사진 2만 5,000장, 동영상 75시간을 저장할 수 있는 용량'이라고 강조하자. 훨씬 피부에 와 닿는다.

실전! 스토리 기반의 프레젠테이션 원고 쓰기 7단계

1단계 : 여는 말 – 청중의 관심을 끌어낼 이야기

"오늘 제가 발표할 것은 무엇입니다."로 시작하지 말자. 주제와 관련된 것으로 가볍게 이야기를 시작하거나 질문을 던지는 방식으로 포문을 연다.

- 혹시 여러분 최근에 보신 영화가 뭔가요? 꼭 극장에 가서 보신 게 아니라도 괜찮습니다.
- 〈한공주〉요, 〈역린〉이요, 〈트랜센던스〉요." (누군가 대답하는 사람이 있다면 성공이다.)
- 영화 많이들 보시네요. 저는 〈한공주〉가 화제란 이야기를 들었는데 곧 보러 가야겠습니다.

> "저도 그렇지만 우리나라 사람들은 이야기가 들어 있는 영화나 드라마를 참 좋아합니다. 좋아하고 많이들 보니까 잘 만들기도 합니다. 이렇게 영화를 만들려면 시나리오가 필요한데 이 시나리오는 서사적 구조, 즉 스토리텔링을 해야 합니다. 그런데 요즘 스토리텔링은 영화나 드라마, 문학작품 속에서만 볼 수 있는 것이 아닙니다. 그래서 오늘은 기업이 스토리텔링을 어떻게 활용하는지 그 사례와 필요성에 대해 말씀드리겠습니다."

2단계 : 문제 제기

기존의 상품이나 서비스를 예로 들며 그것의 단점과 불편한 점을 제기한다. 그리고 이러한 해결책이 더 효과적일 것이라고 설명한다.

> "우리들 어릴 때를 생각해 보세요. 수업시간에 아무리 노력해도 안 외워지는 영어단어나 수학공식이 있습니다. 그냥 달달 외우려면 하루이틀 보아서는 어림도 없죠. 근데 우리가 알고 있는 전래동화나 구연동화는 지금도 생생하게 기억하고 있습니다. 그만큼 스토리는 이해하기 쉽고 오랫동안 기억합니다. 톡톡 튀고 재미있으니까요. 지루한 감정에 반짝이는 활기를 줍니다. 그래서 요즘 회사들은 상품이나 서비스, 심지어 회사 자체를 스토리텔링하느라 여념이 없습니다. 새로운 이미지를 만드는 일이기도 하고 좋은 인상을 오래 기억하게 만드는 작업이기도 합니다."

3단계 : 문제 해결을 위한 해결책 제시

우리가 알고 있는 상품이나 서비스가 기존의 문제점을 해결할 수 없다는 점을 제시한다. 새롭게 제시하는 해결책이 더 나은 이익과 가치를 창출할 것이라는 점을 설명한다.

"스토리를 가지고 있으면 고객들에게 친근한 이미지를 줄 수 있으며 한결 인지도가 높아질 것입니다. 따라서 아직 소비자에게 깊이 인식되지 못한 우리 회사도 이쯤에서 우리 회사 고유의 스토리텔링이 절실히 필요합니다. 우리 회사에 맞는 스토리를 찾아서 그것을 가지고 마케팅을 하는 것은 의미가 있습니다. 박카스는 '대한민국 피로회복제'라는 강력한 브랜드 인지도를 가지고 있습니다. 그 이유는 스토리를 가지고 있기 때문입니다. 스토리는 브랜드 이미지를 높이는 동시에 소비자에게 성큼 다가가는 효과가 있습니다. 우리 회사도 스토리텔링을 적용한다면 회사의 이미지는 물론이고 차후 개발되는 상품도 좀더 빠르게 친근해지는 효과를 얻을 수 있을 것입니다."

4단계 : 해결책의 효과 입증

해결책에서 제시한 것을 사례로 입증한다. 데이터, 연구결과, 언론보도, 성공사례, 제품 시연, 시장조사, 판매실적 등 사례를 많이 제시할수록 좋다.

"그럼 여기서 앞서 말씀드린 박카스의 스토리텔링 마케팅 성공 사례를 말씀드리겠습니다. 박카스는 스타모델을 기용하지 않고도 따뜻한 스토리로 공감을 유도한 광고로 유명합니다. 특히 1998년부터 시작된 젊은이를 타깃으로 한 박카스 광고 시즌

> 3부터는 20대 젊은이를 박카스의 광고 타깃으로 정하고 젊음에 관한 소재를 가지고 이야기하되 40~50대도 공감하는 스토리의 광고를 꾸준히 담아내면서 박카스의 가치를 전달하고 있습니다. '지킬 건 지킨다.', '한 게임 더?', '젊음은 나약하지 않다.' 같은 광고 카피가 이슈가 되고 그 이후에도 공익성 짙은 '젊음' 캠페인을 벌여왔습니다.
>
> 이와 같은 스토리는 어렵지 않고 한번 들으면 쉽게 기억되고, 사람 마음을 촉촉하게 만들어주는 힘이 있습니다. 이 회사의 판매실적은 보시는 것처럼 꾸준히 증가하고 있습니다."

5단계 : 구체적인 혜택 제시

상품 가격이나 서비스 혜택 같은 소비자에게 직접 돌아오는 혜택을 제시한다.

> "우리 회사도 이제부터 스토리텔링을 하고 브랜드를 그에 맞게 마케팅한다면, 브랜드 이미지 성장은 물론이고 이제까지의 매출을 뛰어넘는 성과를 이루어낼 수 있다는 것을 아래 통계에서 확인하실 수 있습니다. 따라서 다음과 같은 혜택이 돌아갑니다."

6단계 : 실행방안 방법 요청

구체적인 방법이나 행동, 실행 노하우를 제시하고 프레젠테이션의 핵심 메시지를 요약해서 전달한다.

7단계 : 닫는 말 - 청중의 감성을 자극하는 이야기

명언이나 격언, 책 속에서 읽은 말 등을 인용하면서 마무리한다.

> "지금까지 기업의 스토리텔링 적용사례와 필요성에 대해서 말씀드렸습니다. 〈드림 소사이어티〉의 저자 롤프 옌센은 '꿈과 감성이 지배하는 21세기 소비자는 상상력을 자극하는 스토리가 담긴 제품을 구매한다. 감성을 자극하는 스토리텔링은 부를 창조하는 원동력이다.' 라고 말했습니다. 감사합니다."

스토리 라이팅이라고 해서 굳이 멋진 이야기나 훌륭한 이야기를 만들어내지 않아도 된다. 본인이 경험한 일이면 더 많은 공감을 얻을 수 있고 설득력이 높아진다. 경험을 스토리로 풀어서 이해하기 쉽게 글이나 말로 표현하면 된다. 저명한 경영학자 피터 드러커 Peter Ferdinand Drucker 는 이렇게 말했다. "최하위 직급에서 한 단계 오른 직장인은 말과 글을 통해 다른 사람과 소통하는 능력에 따라 평가된다." 그 소통의 가장 중요한 방식이 바로 프레젠테이션이다. 프레젠테이션 '대본'을 통해 한 편의 연극을 완성시킬 배우가 되어야 한다.

스토리를 활용한
기획서 · 보고서 · 제안서 쓰기

직장인들이 가장 많이 쓰는 문서는 기획서와 보고서이다. 그런데 많은 직장인들이 기획서와 보고서의 목적도 방법도 선명히 개념을 잡지 못하고 쓰는 경우가 많다. 그러한 이유는 두 문서가 같은 도구Tool를 사용하기 때문이다.

일단 그 문제는 쓸 때의 일이고, 먼저 두 문서의 차이점을 명확하게 아는 것이 필요하다. 그래야 목적이 다른 문서인데도 계속 기획서 같은 보고서를 쓴다거나 보고서 같은 기획서를 쓰는 실수를 하지 않는다.

■ 기획서

목적 : 새로운 사업이나 상품, 서비스를 추진하기 위해 그 아이디어를 문서화한 것으로 결정권자를 설득하는 것이 목적이다.

종류 : - 신규사업 또는 신규서비스 오픈을 위한 기획서
　　　- 규모가 있는 프로젝트 추진 또는 팀 내 회의를 위한 기획서
　　　- 마케팅/광고, 직무수행, 경영계획, 제품개발을 위한 기획서

내용 : 기획의도 및 배경, 시장조사, 리스크 분석, 사업 추진 계획

■ 보고서

목적 : 사업이나 프로젝트의 추진과정 및 결과에 대해 상급자나 관련 기관 및 고객에게 그 경과를 알리는 것이 목적이다.

종류 : 중간보고서, 결과보고서

내용 : 프로젝트 개요, 추진 경과, 참여 인력 및 업무 분장, 세부 추진 내용, 문제점 평가, 개선 방안 등

■ 제안서

목적 : 기술, 제품, 서비스 용역들을 상대방 회사나 단체에 제공하거나, 마케팅, 업무, 사업 등을 상대방 회사나 단체와 공동 추진하기 위해 작성하는 문서로 원활한 업무 추진이 목적이다.

내용 : 제안 배경, 기대효과, 회사 소개, 제안 사업 및 서비스, 제안에 따른 추진 계획

기획서 쓰기를 즐겁게 시작해야 하는 이유

기획서는 프로젝트의 방향과 목표를 정하고, 이를 위해 어떻게 해야 하는지를 조직·인력·비용 등의 측면에서 세부적으로 정리한 것을 말한다. 구체적인 프로젝트의 내용을 설정하기 위한 단계이기 때문에 큰 부담을 가지지 않고 시작해도 좋다. 물론 가치가 없다고 결정 난 경우는 야박하게 버려지는 일이 더 많다.

하지만 기획서는 회사에서 유일하게 정해진 형식이 없는 문서이기 때문에 자신의 생각을 기획서 안에 부담 없이 집어넣을 수 있다. 따라서 즐기면서 시작해야 좋은 기획서가 나올 수 있다. 자의식과 개성, 스타일과 실력을 마음껏 발휘할 수 있는 좋은 기회이기 때문이다. 그럼에도 불구하고 대부분 기획서는 단순히 아이디어만 나열한 것에 불과한 경우가 많다. 아이디어를 잘 정리한 메모와 다를 바가 없는 것이다. 이왕 기획서를 쓰기로 마음먹었다면 새로운 것을 창조한다는 아티스트의 마음으로 자기 개성을 십분 발휘하여 작은 부분까지 완성도를 높여보자.

잘 쓴 기획서는 품이 든다

좋은 기획서를 만들기 위해서는 좋은 자료가 필요하다. 좋은 자료 안엔 좋은 스토리가 가득하기 때문이다. 그런데 좋은 자료를 얻기 위해서는 시간과 노력이 필요하다. 인터넷에서 검색해 찾은 자료보다 유료로 구한 전문 자료가 더 가치 있을 것이고, 평소에 쌓아놓은 인맥을 통하면 희소성 있는 제대로 된 자료를 구할 수 있을 것이다. 그리고 이를 바탕으로 클라이언트와 공감대를 형성하고 논리적인 문제 해결 방법을 제시해야 한다. 하지만 하루에도 수없이 쏟아지는 기획서 사이에서 눈에 띄는 기획서가 되려면 재미 요소도 필요하다. 보고서와 달리 결정권자가 재미없고 지루한 기획서를 끝까지 세심하게 읽을 필요도 의무도 없기 때문이다.

평소 무슨 일이든 호기심과 관심을 가지고 보면 예전엔 생각지도 못했던 것을 발견할 수 있고, 이것이 읽는 사람의 호기심을 자극하는 획기적이고 기발한 기획서의 근간이 될 수 있다. 폴라로이드 카메라는 휴가 때 찍은 망아지 사진을 빨리 보고 싶어 하는 딸의 이야기에서 시작할 수 있다. 자신의 아이디어와 축적된 데이터만 믿고 기획서를 쓸 수 있다는 것은 오만함이다. 겸손하게 여러 사람에게 의견을 묻다 보면 신선한 해결책과 기발한 방안을 기획서에 추가할 수 있다.

스토리가 있는 기획서 쓰기

기획서는 기획의 종류와 달성 목표에 따라 다르게 작성해야 한다. 하지만 잘 작성된 기획서를 보면 반드시 공통점이 존재한다. 이 공통점을 잘 추려내 기획서에 반영하면 된다.

기승전결을 잡는다

이야기를 시작하는 운을 떼고, 그것을 조금 더 자세히 구체적으로 설명하고, 이야기를 통해 메시지를 정확히 전달하고, 마지막으로 주제를 정리한다. 즉 도입부에는 핵심과 전략을 제시하고, 마지막에는 이를 실천하기 위한 인력, 일정, 자금에 대한 부분을 보여주어 기획서를 읽는 사람이 호기심을 가질 수 있도록 유기적인 구조를 갖춰야 한다.(드라마나 영화의 플롯과 같은 서사적인 구성은 이미 스토리 라이팅이 시작됐다고 할 수 있다.)

짧은 문장으로 간결하고 명확하게 쓴다

중요한 사항에 대해 필요성과 방법 그리고 비용 및 기대 효과에 대해서 간단 명확한 메시지만 전달하라.

최대한 객관적으로 쓴다

기획서는 자신의 아이디어로 작성하더라도 내용 안에 개인의 의견이 들어가서는 안 된다. 감정에 치우쳐 주관적으로 쓸 것이 아니라 반드시 객관적으로 작성해야 한다. 특히 기획서 내용을 뒷받침하는 통계, 인용 등의 자료는 객관적인 근거로서 중요한 부분이다.(여러 가지 객관적 근거를 제시해야 하는 부분으로 스토리텔링하기 좋다. 구체화된 이야기를 통해 실현 가능성을 보여준다.)

긍정적인 분위기를 유지하며 쓴다

기획서는 반드시 긍정적인 입장에서 작성해야 한다. 지나치게 부정적이거나 비판적인 기획서는 추진도 하기 전에 신뢰를 잃는다. 어떠한 상황에 처하더라도 주어진 환경을 긍정적인 눈으로 바라보고 사고하며 이를 극복할 수 있는 성장하는 내용의 콘셉트를 담은 기획서여야 한다.(장애물 극복의 사례 등을 찾아 스토리텔링할 수 있다.)

이해하기 쉽게 쓴다

기획서는 누구든지 이해하고 실행할 수 있도록 쉽게 작성해야 한다. 전문 용어, 복잡한 통계 분석보다는 어려운 부분을 쉽게 이해할 수 있도록 사진, 그림, 이미지, 도표, 그래프 등을 이용해 간단한 설명을 덧붙이는 게 좋다.(이해를 돕는 방법으로 가장 좋은 건 스토리텔링이다. 다양한 시각적 자료나 유명한 사례를 곁들이면 좋다.)

색깔 있는 보고서 쓰기

보고서 작성에서 지켜야 할 첫 번째 원칙은 명료함과 간결함을 유지하는 것이다. 명쾌함과 간결함은 생각이 정리되어 있어야 가능하다. 짧은 시간 안에 핵심을 간파할 수 있는 포인트가 있느냐에 따라 보고서의 승패가 결정된다.

두 번째 원칙은 보고서에서 기대하는 것이 정확하게 무엇인지를 알아야 한다. '1인칭 기법'을 활용하길 권한다. 자신이 보고서를 주문한 상사라 가정하고 상상해 보라. 보고서의 목적과 용도를 분명히 해야 한다. 아무리 오랜 시간 정성을 들여 작성한 보고서라 하더라도 고객의 요구를 정확히 만족시키지 못하면 소용없다.

셋째, 보고서 전체 내용은 단 한 페이지로 정확하게 요약될 수 있어야 한다. 중언부언 끝에 '이렇다. 저렇다'는 결론이 나중에 나오도록 할 것이 아니라, 보고서 첫 장에 결론이나 선택의 범위를 정확하게 제시하는 것이 좋다.

넷째, 보고서는 믿음과 자신만의 색깔을 담고 있어야 한다. 주관적인 제안이나 주장들을 입증할 만한 객관적인 숫자나 관련된 스토리를 담고 있어야 한다. 또한 보고서에서 다룬 내용을 충분히 입증할 수 있도록 숫자나 사례를 사용해야 한다. 보고서에 믿음을 주기 위해선 가능한 객관적인 사실을 숫자로 표기하거나 실제 경험이 들어가야 한다.

인정받는 보고서 팁

쉽고 짧게 써라 : 주어는 짧게, 긴 문장은 컷! 말로만 설명하기 어려우면 도표·차트·그림을 함께 사용하고 어려운 용어에는 설명을 붙인다.

문장의 기본을 벗어나지 마라 : 주어는 짧게, 쓸데없이 어려운 한자나 단어도 피한다. 자신 없는 내용은 아예 쓰지 말고 논리의 모순과 반복되는 수식어를 바로잡는다.

압축시켜 보라 : 보고서를 쓰면서 "그래서 한마디로 뭘 말하려는 건가?"하고 끊임없이 자문하라. 상사가 이 질문을 던졌을 때 제대로 대답할 수 있느냐가 보고서의 성패를 가른다.

적절한 인용으로 보고서를 드라마처럼 : 보고서를 건조하게 작성하면 안 된다. 사례나 에피소드·우화 등을 곁들여 설득력을 높여라. '예를 들면', '이를테면', '해외 성공사례를 보면', '다른 업계의 경우' 식의 표현을 활용하라.

숫자로 정리하라 : '문제는 3가지' 라든가 '3가지로 정리해 볼 수 있다.'는 문장은 사람의 관심을 끈다. 같은 내용을 기술적으로 3번 전달하는 방법도 있다. '이 보고서의 핵심은 3가지다. 그것은…', '하나씩 살펴본다. 첫째…', '이상의 내용을 정리하면…'과 같은 식으로 부담 없이 메시지를 세 차례 반복할 수 있다.

반론에 대비하라 : 보고서 끝에 내가 쓴 보고서를 객관적으로 검토하고, "이러이러한 문제가 있지만, 나는 이렇게 생각한다."는 의견을 써넣으면 완벽하다.

"그래서 한마디로 뭘 말하려는 건가?" 하고
끊임없이 자문하라. 이에 제대로 대답할 수 있느냐!
보고서의 성패를 가르는 질문이다.

스토리를 이용한
홍보문 · 보도문 쓰기

셰익스피어 William Shakespeare 의 희곡 〈로미오와 줄리엣〉은 13세기 이탈리아 베로나를 배경으로 한 귀족 가문 이야기지만, 역사적 사실을 극화한 것인지는 알 수 없다. 그런데도 이탈리아 베로나 사람들은 로미오와 줄리엣이 자기네 도시에서 살았던 역사적 인물이라고 주장한다. 그리고 도시 광장 인근에 당시의 건축 양식을 본뜬 줄리엣의 집을 만들고 로미오가 줄리엣에게 키스하기 위해 타고 올라갔던 발코니도 설치해 놓았다.

그 다음부터는 술술 더 많은 것들을 잘도 만들어낸다. 베로나 시 당국은 아예 주변의 수도원 지하실에 화려한 장식의 돌로 줄리엣 무덤까지 만들었다. 그리고 매년 밸런타인데이를 맞아 줄리엣에게 보내는 가장 멋진 내용의 연애편지를 쓴 사람에게 상까지 준다. 2010년 개봉한 할리우드 영화 〈레터 투 줄리엣〉도 줄리엣의 발코니를 소재로 한 작품이다. 덕분에 베로나는 관광도시로 대박을 터뜨렸다. 대박 노하우가 엄청 어려운 게 아니다. 그냥 그럴싸하게, 있을 법하게, 판타지를 충족할 수 있게 스토리텔링한 것뿐이다.

그런데 우리 문화재 안내판만 보아도 건축연도를 비롯해 건축양식, 언제 화재가 일어나 언제 중건됐으며, 실물 크기는 얼마이고, 기둥의 원재료는 경북 봉화군 무슨 산에서 가져온 춘양목이며, 단청의 색소는 어떻고 등등의 이야기가 가득하다. 나이도 연령도 성별도 다른 많은 사람들이 읽는 안내판이 좀더 쉽고 재미있게 쓰이면 안 될까. 한 명이라도 더 읽게 하는 것이 안내판의 목적인 걸 생각하면 우리 문화재의 안내판은 재미가 없어도 너무 없다. 그러니 관광객들은 안내판은 읽지도 않고 문화재를 겉에서만 보고 가버리고 만다. 이런 안내판은 안내도 못 하고 홍보도 안 된다.

고궁 한쪽에 옛 모습의 뒤주를 전시한 후, 사도세자가 갇혀 죽음을 맞이했을 때의 뒤주와 같은 실물 크기라는 스토리를 적어놓으면 어떨까. 여기에 부왕父王은 왜 이런 잔혹한 지시를 내렸을까 하는 간단한 의문문만 표시해도 해당 고궁에 대한 국내외 관광객들의 역사적 관심은 커질 것이다. 나중에 죽은 세자의 아들이 왕이 되어 수원성을 세우는 계기가 됐다는 부연 설명이 함께 있다면 금상첨화다. 이쯤 되면 수

원성까지 가봐야 하지 않을까.

스토리텔링은 상상력이고 창의력이다. 본질이나 사실은 분명히 있지만, 사람들의 판타지를 충족시켜 주는 것은 스토리텔링이다. 손톱만한 사실을 어떤 그릇에 담고 어떻게 포장하느냐에 달려 있다. 부정적으로 들릴지 모르지만 '그럴싸하게', '멋지게', '있을 법하게' 치장하는 것이다. "맛있는 돼지고기가 세일입니다. 1근 사세요."보다는 "착한 가격으로 내려간 맛있는 돼지고기 1근으로 가족과 함께 즐거운 저녁 시간 가지세요."가 소비자의 마음을 움직일 가능성이 훨씬 높다.

보도문 쓰기 5가지 노하우

기업의 홍보활동은 그 범위가 넓고 방법도 다양하다. 그 중에서도 신문, 잡지, 텔레비전, 라디오 같은 미디어를 통해 추진하는 게 많다. 그래서 기업은 미디어에 유료광고를 싣거나 홍보성 기사가 실리도록 유도한다. 기업의 상품과 서비스 판매를 촉진하고 기업에 대한 이미지를 좋게 하기 위해서다. 미디어가 보도할 수 있도록 기업이 제공하는 보도자료나 홍보자료에 정성을 기울이지 않을 수 없다. 그래도 보도되는 건 그렇게 많지 않다. 싣는 매체는 한계가 있는데, 기업이 원하는 보도 내용과 미디어가 원하는 보도 내용에는 차이가 크기 때문이다.

보도자료는 가장 중요한 게 사실(Fact)이다. 보도자료는 어떤 일의 기획 과정에서부터 이미 작성되기 시작한다고 보아야 하는데, 처음부터 뉴스나 홍보거리가 될 수 있게 기획하고 써야 보도 자료감이 된다. 홍보문과 보도문 같은 PR문서를 자주 써야 하는 업무에 종사한다면 처음부터 주요 행사를 기획하는 과정에 참여하거나 관찰하는 것이 좋다. 기획이 다 끝난 다음에 홍보문이나 보도문을 쓰려면 이미 늦는 경우가 많다.

기자로 빙의된다

홍보문이나 보도자료를 쓸 때 기자의 눈으로 볼 필요가 있다. 마감에 쫓기는 기자, 명확하고 간결한 걸 좋아하는 기자, 원인보다 결과를 더 빨리 보고 싶어 하는 기자, 특종에 굶주린 기자로 빙의해 보자.

최대한 객관성을 유지하며 쓴다

'우리 회사는' 보다 'A사는' 과 같이 제3자 시각에서 객관적으로 보이도록 쓴다. 신문기사를 읽으면 표현대상을 있는 그대로 언어로 바꾸어놓은 구체적인 표현이 있다. 그리고 표현하고 싶은 대상을 특징적인 부분만 그림 그리듯 요약한 방법으로도 쓸 수 있다. 있는 그대로 사실을 쓸 것인지, 그걸 설명할 것인지, 그걸 본 느낌을 쓸 것인지를 먼저 정하고 그에 맞는 방식으로 글을 써야 한다.

쉽게 쓰고 구체적으로 보여준다

보도자료는 누구나 읽기 쉬워야 한다. 쉬운 문장도 중요하지만, 내용도 쉬워야 한다. 여기서 이해를 돕는 스토리를 첨가하면 충분히 쉬운 글이 된다. 충분히 공부한 후 최대한 쉽게 쓰자. 쓴 사람도 이해하기 어렵다면 읽는 사람은 두말할 것도 없다. 어려운 단어도 독이 된다. 보도자료의 전문성을 높이기 위해 한자나 전문용어를 사용하는 경우가 많은데, 문장이 긴 것보다 어려운 단어가 가독성을 해친다.

짧게 압축해서 쓴다

한 문장에는 한 가지 내용만을 담도록 한다. 짧고 간결한 문장은 생각보다 강한 힘을 갖고 있으며, 세련된 문장이라는 느낌을 갖게 한다. 자를 수 있으면 최대한 자르고 접속사도 되도록 생략한다. 한 문단은 두세 문장 이내로 쓰는 습관을 들이자.

정확하고 간결하게 쓴다

수식어가 많을 경우, 대부분의 독자는 과장된 느낌을 받으며 신뢰감이 떨어진다. 같은 맥락으로 같은 단어를 반복해 사용하지 않으며, 꼭 필요한 경우에는 동의어로 바꿔 사용한다. 고쳐 쓰기할 때 문장 구성에 불필요한 수식어는 과감히 삭제한다.

news.
brief.

마감에 쫓기는 기자,
명확하고 간결한 걸 좋아하는 기자,
원인보다 결과가 더 궁금한 기자,
특종에 굶주린 기자에 빙의해 보자
보도문은 최대한 객관성을 유지하며 쓴다

스토리 라이팅을 위한
스토리 마케팅 배우기

상품에 얽힌 이야기를 가공하여 광고 등에 활용하는 스토리텔링 마케팅이 각광을 받고 있다.

스토리텔링 마케팅은 상품에 얽힌 이야기를 가공·포장하여 광고나 판촉 등에 활용하는 브랜드 커뮤니케이션 활동이다.

상품 개발 과정 등 브랜드와 관련된 실제 스토리를 여과 없이 보여 줄 수도 있고 아니면 신화, 소설, 게임 등에 나오는 스토리를 가공하거나 패러디하여 보여주기도 한다. 이것을 통해 소비자들이 브랜드에 대한 호감을 갖게 한다.

대세가 된 스토리텔링 마케팅

온갖 노력 끝에 개발한 상품이라 하더라도 사람들의 머릿속에 각인시키기가 점점 더 어려워지고 있다. 브랜드가 가히 춘추전국시대인 만큼 차별화한 브랜드 강점을 전달하기란 쉽지 않기 때문이다.

흥미 있는 이야기가 담긴 상품은 단순히 우수한 품질이나 디자인을 가진 제품보다 더욱 매력적이다. 따라서 고객의 마음을 읽고 그들이 꿈꾸는 바를 흥미 있는 이야기를 통해 부드럽게 풀어가야 한다. 상품 자체를 강조하기보다는 상품에 담긴 의미나 개인적인 이야기를 제공함으로써 소비자와 브랜드의 교감을 유도한다. 딱딱하고 건조하고 상업적인 메시지보다는 소비자의 입에 쉽게 오르내릴 수 있는 화젯거리를 제공한다.

예를 들면 드라마 이야기, 연예가 소식, 정치인 이야기, 항간에 떠도는 소문 등 사람들은 흥미로운 이야기에 관심을 기울인다. 상품도 마찬가지다. 사람들은 평범한 목걸이보다는 드라마 속 주인공이 착용했던 '이야기가 있는 목걸이'를 더 좋아한다.

하지만 아직 우리 기업들에서는 신선한 이야기를 담은 상품이 부족하다. 판매 포인트가 느껴지지 않는 이미지 광고, 브랜드 히스토리의 지루한 나열 등 전반적으로 호소력과 설득력이 부족한 이야기들뿐이다. 스토리는 사건과 인물, 구성의 3박자가 제대로 맞아야 힘을 발휘한다. 스토리를 통해 조금 더 차별화된 상품을 보여주었던 브랜드의 면면을 살펴보자.

페라가모

지하철 통풍구에서 마릴린 먼로$^{Norma\ Jeane\ Mortensen}$가 하얀 치마자락을 날리는 매혹적인 장면은 영화 〈7년 만의 외출〉의 한 장면으로, 마릴린 먼로 하면 가장 먼저 떠오른다. 평소 페라가모 마니아였던 마릴린 먼로가 영화 속에서도 자신의 각선미를 살리기 위해 페라가모 구두를 이탈리아에서 급히 공수했다는 스토리가 있다. 페라가모는 이 이야기를 지금까지도 광고 메시지에 활용하며, 할리우드 여배우들이 신는 멋스럽고 편안한 신발로 마케팅하고 있다.

에르메스

헐리우드 최고의 배우에서 모나코 왕비가 된 그레이스 켈리$^{Grace\ Patricia\ Kelly}$가 임신했을 당시 자신의 볼록한 배를 에르메스 가방으로 감추었다. 이 사진이 잡지 〈라이프〉에 실렸고, 에르메스는 그 가방에 그녀의 이름을 딴 '켈리백'이라는 이름을 부여했다.

베스킨라빈스

1940년 미국에 사는 어린 소년 라빈스는 아버지의 아이스크림 가게를 보고 자라 자신만의 아이스크림 가게를 열게 된다. 또 다른 소년 베스킨은 2차 대전 때 전쟁에 참전하는 군인들에게 맛있는 아이스크림을 만들어주었다. 전쟁이 끝나고 두 친구는 아이스크림 가게를 열었다. 한 달 31일 내내 다양한 맛을 즐길 수 있으며 아이스크림을 팔지 않고 즐거움을 팔고 있다는 메시지를 전한다.

> 비타민 워터
>
> 보통 한 가지 이름의 브랜드로 여러 개의 음료수가 출시될 경우 사람들의 이목이 분산되어 별로 효과적이지 못하다는 인식이 있다. 하지만 이런 인식을 역발상해 코카콜라 대신 모두 6가지 색과 이름, 스토리를 가진 비타민 워터를 출시하여 소비자들에게 골라 마시는 재미를 선물했다.

성공하는 스토리의 3원칙

기업이 스토리텔링 마케팅을 활용하기 위해서는 먼저 자사 브랜드에 적합한 스토리를 발굴하고 이를 적절히 상품에 녹여내야 한다. 소비자들이 가장 좋아할 만한, 또 자사 상품의 독특한 가치를 가장 잘 설명할 수 있는 매력적인 스토리를 만들 필요가 있다. 여러 경로를 통해 소비자의 정보력이 웬만한 기업을 뛰어넘고 있는 현실에서 뻔한 스토리는 소비자들의 외면을 받기 쉽다.

매력적이고 차별화된 스토리 발굴을 위해서는 기업 안팎의 다양한 의견을 수집해야 한다. 비단 마케팅 부서만이 아니라 내부 공모 등을 통해 다른 부서원들도 참여하는 방안을 고려해 볼 수 있다. 요즘은 인문학, 문화예술 같은 전혀 다른 분야의 전공자들의 의견을 수렴한다. 소비자들로부터 직접 브랜드 스토리와 관련된 아이디어를 얻어내는 것도 좋은 방법이다. 많은 기업들이 브랜드 체험담, 사용 수기 등을 공모하는 것은 이러한 추세를 반영한다.

공감

　스토리가 사람들의 일상과 동떨어져 있거나 공감하기 힘든 경우에는 오히려 스토리가 힘을 얻지 못하거나 반감을 일으킬 수 있으므로 주의해야 한다. 보통 사람의 평범한 사람 사는 이야기가 유명인들의 특별한 삶보다 더욱 설득력을 갖는 것은 대중의 공감을 이끌어낼 수 있기 때문이다.

　박카스의 광고 시리즈는 언제나 화제이지만 '대한민국 부모로 산다는 것'은 특별한 공감을 불러일으킨다. 자식과 손주를 설레는 마음으로 기다리며 분주히 집안 청소하는 노부부지만, 곧 당도해 집안을 난장판으로 만드는 손주들이 힘겨워 '밥 먹고 갈 거지?' 하는 대목에서 한 차례 웃게 되지만 정작 반전은 그 뒤. 둘째네의 전화를 받는 아내 옆에서 "오지 마! 오지 마!" 하며 손사래 치는 할아버지의 모습은 더 큰 웃음을 준다. 이 광고는 부모라면 누구나 공감할 수 있는 내용으로 화제가 되었다. 일상에서 일어나는 일들은 이야기를 통해 공감하게 만드는 힘이 있다.

재미

　격식에 얽매였던 과거와 달리, 요즘엔 덜 심각하고 더 즐거운 상황이 대접을 받는다. 지속되는 불황과 정치·사회적 불안 등으로 사람들은 무거운 것보다 탈일상적인 재미를 찾는다. 그래서 일상과 상식을 비틀어 진지함을 벗고 엉뚱하고 재미있을수록 인기 있다.

　스타벅스는 사이버상에서 회원가입 후 고객이 이름이나 닉네임을 등록하면 매장에서 스타벅스 카드로 결제 후 음료를 찾을 때 그 등록된 이름으로 불러주는 '콜 마이 네임 Call My Name' 이란 이벤트를 진행했다. '없는 형편에 스타벅스 오신' 고객님, 라떼 나왔습니다! / '아메리카노 시키신' 고객님, 라떼 나왔습니다! / '매장 내 모든' 고객님, 아메리카노 나왔습니다! / '숨어 있던 나의' 고객님, 아메리카노 나왔습니다! 이런 톡톡 튀는 닉네임 등록으로 매장을 웃음바다로 만드는 경우가 많아 많은 사람들이 호기심 어리게 참여했다고 한다.

경험
　스토리 마케팅이 단순한 정보 전달에 그치지 않으려면 소비자들에게 경험을 제공할 수 있어야 한다. 소비자가 느끼는 스토리 경험은 브랜드와 소비자가 교감을 형성하는 데 도움이 된다.
　롯데리아는 만우절에 부끄러움을 무릅쓰고 직원과 다음과 같은 대화를 완성하면 불고기 버거를 무료로 증정하는 펀션 이벤트를 열어 큰 호응을 얻었다.

고객: 불고기버거 먹으러 왔소!
직원: 롯데리아에서 먹어봤소?

지속되는 불황과 정치·사회적 불안 등으로
사람들은 무거운 것보다 탈일상적인 재미를 찾는다.
그래서 일상과 상식을 비틀어 진지함을 벗고
엉뚱하고 재미있을수록 인기 있다.

고객: 그렇소!

직원: 어떠하였소?

고객: 맛있었소!

직원: 무슨 맛이었소?

고객: 쇠고기였소!

소비자와 교감하고 함께 즐기는 특별한 경험을 제공함으로써 만우절 당일 큰 매출을 기록했다.

스토리 문화를 정착시키는 3가지 방법

기업은 브랜드가 가지는 이야기를 통해 경쟁 브랜드와 다른 자기만의 고유한 분위기를 가질 수 있다. 예컨대 스타벅스는 커피 매장을 집, 직장에 이어 이야기가 있는 제3의 공간으로 만들고 하나의 라이프스타일로 승화시켜 성공을 거두고 있다. 커피를 팔고 마시는 공간만이 아니라 스타벅스에 오면 고급스럽고 아늑한 분위기를 느끼고 즐길 수 있다는 이미지를 함께 판 것이다.

커피를 마시고 사람을 만나고 공부를 하거나 비즈니스하는 데 불편함이 없도록 통신을 비롯한 여러 편의를 제공한 것도 주효했다. 우리나라 사람들의 특성, 즉 살짝 남에게 과시하고 싶고 존중받고 싶은 의식을 자극했고, 고급 커피문화를 즐기는 소비자라는 이미지를 충족시킴으로써 성공할 수 있었다. 형체도 없고 비이성적인 '감성'에 초점을 맞춰 마케팅을 했는데, 브랜드 충성도는 놀라울 정도로 높았다.

스토리 문화를 창출하는 기업은 제품 자체가 아니라 브랜드 스토리가 품고 있는 철학을 강조함으로써 소비 이상의 문화를 만들 수 있어야 한다. 그래야 이후 이 브랜드에서 개발되는 상품은 자연스럽게 스토리를 품게 되고 더 작은 스토리를 발굴하기가 쉬워진다.

할리데이비슨 오토바이는 반항적이면서도 낭만을 중요시하는 고유의 이야기 문화를 가지고 있는 것으로 유명하다. 사람들이 할리데이비슨을 생각할 때 떠올리는 가죽 재킷과 붉은 두건, HOG Harley Owners Group라는 커뮤니티 등은 바로 이야기 문화의 산물이다.

하지만 모든 브랜드 스토리가 자연스럽게 문화를 형성한 것은 아니다. 우리가 문화라고 부르는 생활양식들은 일시적인 열풍인 경우가 대부분이다. 유행을 너머 많은 사람들이 오래도록 공감할 수 있는 스토리를 꾸준히 구축한 경우가 살아남는다.

네버엔딩 스토리 고민

단편적인 일회성 스토리로 머무는 것이 아니라 지속적으로 연계되는 스토리 창출을 통해서 일관된 이미지를 형성할 수 있다. 미국 곰인형 회사 '빌드 어 베어'는 12살까지의 여자아이들을 상대로 직접 새로운 동물인형 친구를 고르고, 속에 솜을 채워 바느질하며, 옷을 골라 입혀 이름까지 지은, '나만의 테디 베어'를 탄생하게 해준다. 새로운

할리데이비슨 오토바이는 반항적이면서도 낭만을 중요시하는 고유의 이야기 문화를 가지고 있는 것으로 유명하다. 사람들이 할리데이비슨을 생각할 때 떠올리는 가죽 재킷과 붉은 두건, HOG라는 커뮤니티 등은 바로 이야기 문화의 산물이다.

곰인형이 꾸준히 출시되고, 거기에 따른 무수한 패션상품이 함께 나오면서 고객 스스로 스토리를 만들어간다. 곰인형의 생일파티도 주최해 새로운 고객들이 매장을 찾도록 만드는 것인데, 이는 대단한 전파력을 자랑하며 고객들이 평균 한 해에 다섯 차례 가게를 다시 찾도록 만든다.

소비자의 피드백 반영

소비자의 피드백이 곧 자사 브랜드를 하나의 문화로 만들 수 있는 바탕이 된다. 피드백의 적극적인 반영은 그들의 공감대를 이끌어내는 과정이기 때문이다.

SK텔레콤은 현대인들의 생활패턴을 공감할 수 있는 내용으로 엮어 '현대생활백서'라는 캠페인을 만들어 광고를 했다.

- **현대생활백서 13. 군중 속의 고독**
  저장된 전화번호는 많은데 걸 사람이 없는 경우 인간관계를 되돌아보라.

- **현대생활백서 16. 그림의 떡**
  그렇게 갖고 싶어 하던 휴대폰을 갖게 된 할머니가 요금이 아깝다며 사용하지 않는 행동

- **현대생활백서 24. 도끼로 제 발등 찍는다**
  문자 메시지 다 써가는데 종료 버튼 누르는 행위

> ● 현대생활백서 53. **백문이 불여일견**
> '정말 괜찮은 녀석이야'라는 말만 믿고 소개팅 자리에 나가지 말 것. 주선자에게 동영상 메일을 요청하라.

이 현대생활백서는 TV광고가 전부가 아니라 상당히 다방면으로 잘 활용되었는데, 잡지의 지면광고에도 실렸으며 책으로 만들어 무료 배포를 하기도 했다. 개개인이 휴대전화를 통해 다양한 에피소드를 '내가 만들어가는 생활의 중심'이란 테마로 경험담을 공유한 것이다. 소비자가 직접 경험한 것을 다시 소비자에게 전달하며 제품과의 유대감 및 브랜드 경험을 강화할 수 있다.

타깃 소비자층 문화체험

소비자의 문화에 직접 빠져들어야 한다. '퀵실버'와 '록시', 'DC' 등의 브랜드를 가지고 있는 퀵실버록시코리아는 회사 설립 이후 2년 동안 서핑, 스노보드, 스케이트보드 등 각종 액션 스포츠 대회를 후원하고 있다. 뿐만 아니라 퀵실버의 모든 직원들은 매년 약 1개월 동안 스노보드 동아리들과 합숙을 하며 브랜드 스토리를 적극적으로 전파하고 있다. 각 브랜드가 가지고 있는 스포츠 문화를 소비자들과 함께 함으로써 브랜드 이미지를 높이는 동시에, 타깃이 되는 고객층의 라이프스타일을 직접 체험하여 소비자와 교감함으로써 살아 있는 스토리를 수집하기도 한다.

기업의 스토리텔링 만들기 5단계

기업은 핵심 스토리 외에 수많은 스토리를 지속적으로 만들어야 한다. 그리고 그때마다 다음과 같은 질문을 통해 핵심 스토리와의 연관성을 확인해야 한다. "새로운 스토리는 핵심 스토리의 한 부분으로 통합될 수 있는가?" 아무리 작은 스토리라 할지라도 핵심 스토리를 지지할 수 있다면 강력하고 일관된 브랜드를 만드는 데 일조할 수 있다.

1단계 : 핵심 이미지 만들기
- 제품이 가진 차별성은 어떤 건지 확인한다.

2단계 : 스토리 탐색
- 회사의 비전, 가치, 전통, 직원들의 이야기를 탐구해 스토리의 소재를 수집한다.

3단계 : 스토리 분류
- 스토리텔링의 목적과 이미지에 따라 스토리 소재를 분류하고 어떻게 활용할 것인지 합의한다.

4단계 : 스토리 만들기
- 메시지, 갈등, 흐름, 등장인물, 감정, 세부묘사, 헤드라인, 동화적 요소, 열린 결말, 교훈 등을 고려해 편집한다.

5단계 : 스토리 테스트
- 차별화되고 설득력 있는 스토리인지 피드백을 받고 어떻게 전달할 것인지 결정한다.

기업이 발굴 가능한 스토리 총량

모든 기업은 스토리의 소재를 가지고 있다. 실제로 일어난 경험을 바탕으로 한 스토리는 메시지에 신뢰성을 부여하기 때문에 허구로 만든 스토리보다 더 강력한 힘을 발휘한다. 살아 있는 유기체처럼 조직 내부에 펴져 있는 일상적인 스토리텔링에 필요한 소재를 제공한다.

스토리로 만들 수 있는 소재는 매우 다양하다. 기업은 스토리를 만들기 위한 소재를 풍성하게 가지고 있다. 다만, 스토리가 처음부터 제대로 된 형태로 나타나 있는 경우가 드물 뿐이다. 대부분의 경우 이야기는 잘리거나 조각난 정보의 파편들에 지나지 않는다. 이것들을 제대로 된 스토리로 만들기 위해서는 가공할 수 있는 과정을 알아야 한다.

● **기업 설립에 담긴 스토리** : '어떻게 기업이 설립되었는가'에 대한 스토리는 기업의 중요한 부분을 차지한다. 또한 설립자에 관한 스토리는 동일한 주제에 대한 일종의 변주곡임을 알 수 있다. 불확실한 미래 혹은 시장에 뛰어든 기업의 스토리는 그 기업이 가지고 있는 핵

심적인 가치와 사고방식을 담고 있는 경우가 많다.

　1789년 한 귀족이 알프스의 작은 마을 에비앙에서 요양하면서 지하수를 먹고 병을 고친 후에 물의 성분을 분석해 보았다. 그 결과 물속에는 미네랄 등 인체에 효험이 있는 성분이 다량으로 함유되어 있었다. 이후 마을 주민들이 물을 에비앙이라는 생수로 판매하기 시작했고, 에비앙은 단순한 물이 아닌 약이라는 브랜드 스토리를 소비자들에게 들려준다. 이것이 세계 최초로 물을 상품화한 에비앙이 고유의 브랜드 스토리를 개발하여 활용한 사례이다.

● **위기와 극복의 스토리** : 어떤 기업이든 기업의 이미지와 미래를 결정짓는 중대한 사건이 있기 마련이다. 이런 기업 이정표를 자세히 살펴보면 가치 있는 스토리를 발굴할 수 있다. 기업은 심각한 위기에서 다시 뒤를 돌아보고, 이를 통해 기업가 정신과 비전 등 직원들을 하나로 뭉치게 하는 기업의 존재 이유를 확인할 수 있다.
　오리온은 웰빙시대가 도래하면서 과자가 건강을 해치는 천덕꾸러기가 되어버리고 있을 때, 영양과 맛을 고루 갖춘 헬스테인먼트 제품을 스토리화해서 '닥터유'를 탄생시켰다.

● **창업자나 CEO 스토리** : CEO는 기업의 상징적인 인물이다. CEO에 대한 스토리는 좋은 것이든 나쁜 것이든 기업 내에서 늘 회자된다.

KFC의 창업자 커넬 할랜드 샌더스 Colonel Harland Sanders의 이야기는 기업 설립과 창업자 스토리를 모두 가지고 있다. 67세가 되어서야 KFC 1호점을 창업하게 된 데에는 많은 이야기들이 녹아 있다. 불굴의 의지로 자신의 닭고기 조리법을 전세계에 전파시킨 그의 꿈과 열정은 어디서나 볼 수 있는 후덕한 할아버지 캐릭터로 인지도를 높여 친근함을 더했다.

● **직원 스토리** : 기업 스토리의 대부분은 기업의 심장인 임직원들로부터 흘러나온 가치와 문화에 대한 것이다. 기업의 가치를 일상에서 구현하고 있는 사람들 역시 직원들이다. 제록스는 직원들이 업무에 필요한 지식을 매뉴얼이나 교육 프로그램에서 얻는 것이 아니라 자신들이 경험한 스토리들을 휴게실의 자판기 옆에서 잡담처럼 주고받음으로써 업무에 실질적인 도움을 얻는다. 이른바 '커피 브레이크 스토리'를 모으는데, 이를 잘 구조화시켜 '유레카'로 명명된 데이터베이스에 저장해서 누구나 쉽게 사용할 수 있게 한다.

● **고객 스토리** : 당신의 기업이 충성심으로 가득한 고객을 가지고 있다면, 그들이 그 행복감을 표현할 수 있도록 만들어주어야 한다. 고객의 스토리는 상품 자체의 물리적 속성들을 뛰어넘는 보편적인 경험적 가치를 부여해 준다. 때문에 고객의 경험은 기업 가치에 생명력을 불어넣어 준다. 기업이 어떻게 왜 차별화되는지 고객이 직접 보여줄 때 사람들은 기업에 더 큰 신뢰를 갖는다.

아웃도어 분야 대표 브랜드인 '고어텍스 코리아'는 아웃도어 전문가와 함께하는 진정한 고객체험 커뮤니케이션을 진행하고 있다. 특히 마스터팀 1인이 2~3명의 참가자를 관리하는 마스터클래스는 고객에게 다시 없는 경험과 감동을 선사하며 충성고객을 확보하고 있다.

● **협력업체 스토리** : 협력업체들로부터 얻을 수 있는 스토리는 항상 흥미롭다. 이런 스토리들은 기업의 역량에서 나올 수 있고, 협력업체가 기업의 직원들과 함께 일하면서 겪은 개인적인 경험에서 나올 수도 있기 때문이다.

● **유명인사 스토리** : 오피니언 리더는 사람이나 조직 혹은 해당 영역에 논점을 가져올 수 있는 '거리'를 의미한다. 기업 외부의 오피니언 리더들로부터 스토리를 발굴해 내는 것은 스토리에 신뢰성을 부여한다. 오피니언 리더들이 전해주는 스토리는 기업 스스로 이야기하는 것보다 훨씬 더 강력한 힘을 발휘한다.

자기 분야를 개척해 가는 리더들의 진정성 있는 이야기로 소비자들의 주목을 끄는 글로벌 캐주얼슈즈 브랜드 '캐터필라 Caterpillar'는 동명의 미국 굴지의 건설 중장비 기업인 캐터필라의 개척정신에서 영감을 받았다. 자신의 영역에서 새로운 혁신을 만들어가는 리더들의 진실한 스토리와 메시지를 통해 사람들에게 가능성에 대한 도전정신과 열정을 심어주었다.

● **상품에 관한 스토리** : 상품은 언제나 스토리의 풍부한 원천이다. 상품을 개발하거나 만드는 과정에 스토리가 숨겨져 있는 경우가 많다. 상품이 오랜 역사를 가지고 있으면 과거 스토리를 가지고도 현재 상품에 부가가치를 만들어낼 수 있다.

국순당 백세주는 상품을 전파할 스토리를 만들었다. 옛날 선비가 마을을 지나는데 어떤 젊은이가 늙은 백발노인의 종아리를 때리고 있었다. 놀란 선비가 어째서 노인의 종아리를 때리느냐며 꾸짖었으나, 실은 종아리를 때리던 선비는 아버지였고 매를 맞는 노인은 아들이었다. 아버지는 백세주를 먹고 늙지 않았고, 아들은 백세주를 먹지 않아 늙어버렸다는 스토리를 전한다.

에필로그

이야기, 주인공은 있지만 주인이 없다!

 프랑스 어느 마을에 '디올'이라는 청년이 있었다. 그의 아버지는 비료 공장을 운영했는데, 바람이 불면 인근에 거름 냄새가 엄청났다고 한다. 그때마다 사람들은 눈살을 찌푸리면서 "디올 냄새가 난다."라고 말했다. 이런 놀림과 따가운 시선에 디올의 어머니는 악취를 없애기 위해서 열심히 꽃을 심었는데, 이렇게 청년이 접했던 꽃이 나중에 그가 디자이너로 성장하는 커다란 발판이 되었다. 그가 바로 프랑스를 대표하는 디자이너 크리스티앙 디오르 Christian Dior이다. 후에 그는 향수까지 직접 개발했는데, 크리스찬 디올 향수는 유명 브랜드가 되었다.

 여성들이 디자이너 크리스티앙 디오르나 그가 만든 제품은 알아도 그 브랜드 뒤에 숨어 있는 스토리는 잘 모른다. 하지만 알고 보니 흥미롭다. 청년시절 '냄새' 때문에 곤혹을 치른 디자이너가 유명 향수 브랜드까지 만들었다는 아이러니컬한 사실이 재미있다. 마치 좋지 않은 냄새에 대한 상처를 극복하기 위해 최고의 향기에 대한 열정을 가진 사람의 상품이라고 생각하니 더욱 신뢰가 생긴다.

사람은 누구나 자기만의 이야기가 있다. 긴 인생 모두 제각각 책한 권 묶어도 될 만한 이야기를 갖지 않은 사람은 없다. 잘난 사람이든 그렇지 못한 사람이든 이야기의 색깔은 달라도 이야기의 분량은 있다. 뿐만 아니라 상품에도 이야기가 있다. 브랜드 탄생 스토리를 이야기로 풀면 더 쉬워질 것이다.

요즘은 A4 한 장 쓰기를 넘어 책 쓰기에 도전하는 사람도 늘고 있다. 어떻게 하면 내 책을 가질 수 있는지, 내 책에 어떤 내용을 담고 싶은지, 그러려면 어떻게 해야 하는지 등을 안내하는 책도 많이 나와 있다. 책이라니… 나와 관련 없는 일이라고 생각하지 말자. 단지 남의 이야기가 아니다. 생각해 보면 시와 소설, 극본, 시나리오 같은 순수 창작물을 제외하면 수많은 저작물 중 많은 부분은 세상에서 만난 이야기인 경우가 수두룩하다.

엘리엇 부Eliot Bu 의 〈자살을 할까, 커피나 한 잔 할까?〉와 같은 책은 글쓴이의 목소리가 거의 없다. 자신이 읽은 책 속에서 공감하거나 자기 생각과 일치하는 이야기를 만났을 때 그것들을 잘 갈무리해서 모아두었다가 하나의 일관된 주제에 부합하게 재구성하여 한 권의 책으로 엮은 것이다. 여러 가지 무늬의 천 조각을 이어 하나의 작품을 만드는 퀼트 장인의 솜씨와 같은 책이라고 할 수 있다.

지금 당신이 읽고 있는 책을 잘 들여다보자. 엄청난 판매부수를 자랑하는 베스트셀러라도 좋다. 어느 한 줄도 예외 없이 순수하게 저자의 생각만을 담은 책이 있을까. 요즘 유행하는 말로 '단언컨대' 찾기 힘들 것이다. 어느 한 구절이라도 다른 사람에게서 시작된 '이야기'가 없는 책이 없다. 아무리 새로운 발견이나 발명에 이른 사람의 저작물일지라도 자신의 생각이나 주장을 뒷받침하는 또 다른 이야기가 들어 있기 마련이다.

이야기는 그 안에 주인공은 있지만 주인이 없다. 세상 도처에, 책 갈피갈피에 스며든 이야기는 누군가에게 알려진 순간 주인은 없다. 만약 주인이 있다면 허락을 구하거나 출처를 밝히고 사용하면 된다. 더이상 모든 글에 내 생각을 채워 넣으려고 골머리를 앓을 필요는 없다. 그것에서만 자유로워져도 글쓰기와 책쓰기는 한결 가깝게 다가올 것이다. 용기를 가지고 수많은 이야기를 만나는 일에 부지런해지자. 당신의 글은 한결 풍성해지고 보고서 한 장, 기획서 한 장에도 감성이 스며들 것이다.